宋本焦氏易林（吳門黃氏士禮居十六卷本）

焦氏易林

挍宋本重雕

吳門黃
氏藏版

刻易林序

廣圻十六七歲時從游於長洲張白華師假館程子念鞠家鄙性不耽尚時藝每問師讀古書之法師指誨靡倦念鞠既同門而頗蓄書甚相得也先是念鞠有陸敕先手校本易林在師所枚菴漫士吳君借而失去廣圻後聞其事恨不一見多方搜訪久之遂獲袁君綬階以枚菴所臨及餘姚盧抱經學士所臨等本相示最後陸本歸黃君蕘圃取勘一過良多是正乙丑冬客江寧蕘圃以札來告將謀付刊去冬返及里門則巋然在目焉而屬序其簡首回憶初知有是書之日倐忽二十五六寒暑曾不一瞬唯師頤德弗營精神巋然而念鞠以薄宦遽化於外廣圻亦復行年四十有三久見二毛矣方思悉數吾吳人物源淵典籍流派所聞所見加以筆記存諸敝篋示我兒曹稍傳文獻

之信而羲圖刻是書顛末乃可爲其中一事者也敢即舉而書
之嘉慶十三年歲在戊辰春正月下旬元和顧廣圻

刻陸敕先校宋本焦氏易林序

世所行諸刻易林悉出自明内閣本成化癸巳彭華題後可證也分上下經爲卷或又析之作四卷而其譌舛不可卒讀則盡同近好事者多傳臨陸敕先校宋本文句頗異實視諸刻遠勝往歲陸手勘者歸于家續又收葉石君校本取以參驗先所傳臨竟有稍益失眞處故付之刻凡陸勘而誤必存其眞雖可知當爲某字者終不輒以改竄亦猶予向日刻他書之意耳其諸刻所附而陸勘未及者蓋皆非出於宋本概不載入陸僅就嘉靖四年所刻以勘而記於上方云卷次非宋本考季滄葦延令宋板書目焦氏易林十六卷八本未知其爲即校宋本之祖抑板同而又有一部然分卷十六確鑿可信尚與隋志數合又嘗見一別本乃如此今特據之實每卷四卦也延令藏書散失流

轉子得之頗不少此書當仍在天壤間安能一旦再出使所謂全注並傳且行欵偏旁均復舊觀必將爲陸勘助掃落葉豈不更快識於此冀我二三同志搜訪之云

嘉慶十三年閏五月十日黃丕烈書

焦氏易林卷第一

乾之第一

乾　道陟石阪胡言連謇譯瘖且聾莫使道通請謁不行求事無功

坤　招殃來螫害我邦國病在手足不得安息

屯　陽孤亢極多所恨惑車傾蓋亡身常憂惶乃得其願雌雄相從

蒙　鵠鵴鳴鳩專一無尤君子是則長受嘉福

需　目瞤足動喜如其願舉家蒙寵

訟　罷馬上山絶無水泉喉焦唇乾舌不能言

師　倉盈庾億宜稼黍稷國家富有人民蕃息（與比之升坤之恒同）

比　中夜狗吠盜在墻外神明祐助銷散皆去

小畜　据斗運樞順天無憂與樂並居
履　空拳握手倒地更起富饒豐衍快樂無已
泰　不風不雨白日皎皎宜出驅馳通理大道與坤同
否　載日晶光驂駕六龍祿命徹天封為燕王
同人　子號索哺母行求食反見空巢訾我長息
大有　上帝之生福祐日成脩德行惠樂安且寧
謙　山險難登澗中多石車馳轄擊載重傷軸儋負善躓跌踒
右足
豫　禹鑿龍門通利水源東注滄海民得安存
隨　乘龍上天兩蛇為輔踴躍雲中遊觀滄海安樂長處
蠱　彭祖九子據德不殆南山松柏長受嘉福
臨　南山昊天刺政閔身疾悲無辜背憎為仇

觀　江河淮海天之奧府衆利所聚可以饒有樂我君子百福是受

噬嗑　堅氷黄鳥啼哀悲愁不見甘粒但覩藜蒿數驚鷙鳥爲我心憂

賁　室如懸磬既危且殆早見之士依山谷處

剥　大禹式路蚩尤除道周匝萬里不危不殆見其所使無所不在

復　三人爲旅俱歸北海入門上堂拜謁王母勞賜我酒

無妄　傳言相誤非干徑路鳴鼓逐狐不知迹處

大畜　三羊争雌相逐奔馳終日不食精氣勞疲

頤　純服黄裳戴上與興德義既生天下歸仁

大過　桀跖並處人民愁苦擁兵荷粮戰於齊魯

坎　黃鳥采蓁既嫁不荅念我父兄思復邦國
離　胎生孚乳長息成就充滿帝室家國昌富
咸　三人求橘反得冊穴女貴以富黃金百鎰
恒　東山西岳會合俱食百家送從以成恩福
遯　弱雛無距與鵲交鬪翅折目盲爲鳩所傷
大壯隙大墻壞蠹衆木折狼虎爲政天降罪罰高弑望夷胡亥以斃
晉　三癡俱走迷路失道惑不知歸反入患口
明夷弓矢俱張把彈折絃丸發不至道遇害患
家人三女求夫伺候山隅不見復關長思歎憂
睽　陽旱炎炎傷害禾穀穡人無食耕夫嘆息
蹇　騎豘逐羊不見所望徑涉虎穴亡羊失羔

解　暗昧冥語相傳詿誤鬼魅所舍誰知卧處

損　姬姜祥淑二人偶食論仁議福以安王室

益　公孫駕驪載聘東齊延陵說産遺季紵衣

夬　孤竹之墟失婦亡夫傷於蒺蔾不見少妻東郭棠姜武氏以亡

姤　仁政不暴鳳凰來舍四時順節民安其處

萃　任劣力薄孱駑恐怯如蝟見鵲不敢拒格

升　衛侯東遊惑於少姬亡我考妣久迷不來

困　噂噂所言莫如我垣歡喜堅固可以長安 大有之屯

井　鸑鳴岐山龜應幽淵男女媾精萬物化生文王以成爲周開庭

革　玄黃虺隤行者勞疲役夫憔悴踰時不歸

鼎 弱足刖跟不利出門市賈不利折亡爲患

震 懸貆素餐居非其安失輿剝廬休坐徒居

艮 民怯城惡姦人所伏寇賊大至入我郛郭妻子俘獲一本爲歸妹辭

漸 陽低頭陰仰首水爲灾傷我足進不利難生子

歸妹 背北相憎心意不同如火與金一本爲艮辭

豐 太微帝室黃帝所宜藩屏周衛不可得入常安無患

旅 繭栗犧牲敬享鬼神神嗜飲食受福多孫

巽 出門逢惡與禍爲怨更相擊刺傷我手端

兌 鷂飛中退舉事不進衆人亂潰

渙 跛踦相隨日暮牛罷陵遲後旅失利亡雖泰之復

節 龍角博頸位至公卿世祿久長起動安寧

中孚舜升大禹石夷之野徵詣王庭幷治水土（師之小畜同）

小過從風放火荻芝俱死三害集房叔子中傷

既濟梗生荆山命制輸班袍衣剥脱夏熱冬寒飢餓枯槁莫人莫憐

未濟長面大鼻來解己憂遺吾福子與我惠妻惠吾嘉喜

坤之第二

坤　不風不雨白日皎皎宜出驅馳通利大道

乾　谷風布氣萬物出生萌庶長養華葉茂成

屯　蒼龍單獨與石相觸摧折兩角室家不足

蒙　城上有烏自名破家招呼酖毒爲國患災

需　霜降閉户蟄虫隱處不見日月與死爲伍（小畜之解）

訟　天之德室温仁受福衣裳所在凶惡不起

坤

師　皇陛九重絕不可登未見王公謂天蓋高

比　孔德如玉出於幽谷升高鼓翼輝光照國

小畜　五軛四軌復得饒有陳力就列騶虞悅喜

履　四足無角君子所服南征述職以惠我國

泰　雷行相逐無有攸息戰于平陸爲夷所覆

否　六龍爭極服在下飾謹慎管鑰結禁毋出

同人　長男少女相向共語福祿歡喜

大有　奸延惡人使德不通炎火爲殃禾穀大傷

謙　修其翰翼隨風向北至虞夏國與舜相得年歲大樂邑無盜賊

豫　鈆刀攻玉堅不可得盡我筋力胝蠒爲疾 比之大過

隨　舉被覆目不見日月衣裳簞笥就長夜室 泰之臨同

蠱　賊仁傷德天怒不福斬刈宗社失其邦域

臨　白龍赤虎戰鬭俱怒蚩尤敗走死於魚口

觀　北辰紫宮衣冠立中含和建德常受天福（需之夬坤之解俱同）

噬嗑　稷爲堯使西見王母拜請百福賜我善子

賁　三人異趣反覆迷惑一身五心亂無所得

剥　南山大玃盗我媚妾怯不敢逐退而獨宿

復　衆鬼所趨反作大怪九身無頭魂驚魄去不可以居

無妄　延頭遠望眯爲目疾不見叔姬使伯心憂

大畜　典冊法書藏在蘭臺雖遭亂潰獨不遇災（大有之恒）

頤　自衛反魯時不我與氷炭異室仁道隔塞

大過　瘤瘿禿疥爲身瘡害疾病癃殘常不遠逮

坎　東齊郭盧嫁於洛都俊良美好媒利過倍

離　齊魯爭言戰於龍門構怨連禍三世不安比之蠱同人之睽

咸　膏澤肥壤農人豐敵利居長安歷世無患

恒　倉盈庾億宜種黍稷年豐歲熟民得安息乾之師比之升

遯　鴟鴞破斧邦人危殆賴其忠德轉禍爲福傾危復立

大壯　歲飢無年虐政害民乾溪驪山秦楚結冤

晉　椈潔累累綈結難解嫫母衒嫁媒不得坐自爲身禍

明夷　訾陬開門鶴鳴彈冠章甫進用舞韶和鑾三人翼事國無災患

家人　弟妹合居與類相扶願慕群醜不離其處

睽　邯鄲反言兄弟生患涉叔憂恨卒死不還

蹇　三人逐兎各爭有得愛亡善走多獲鹿子

解　北辰紫宮衣冠立中含和建德常受天福坤之觀需之解

損　一拜跪請免不得其哺俛首銜枚低頭北去

益　鶴盜我珠逃於東隅求之郭墟不見所居

夬　一簧兩舌妄言謬語三姦成虎曾母投杼

姤　孤獨特處莫與爲旅身日勞苦使布五谷陰陽順序

萃　褰衣涉河澗流浚多賴遇舟子濟脫無他

升　憑河登山道路阻難求事少便

困　兔罝之容不失其恭和謙致樂君子攸同

井　三女求夫伺候山隅不見復關泣涕漣如

革　螟蟲爲賊害我五穀中雷空虛家無所食　需之明夷

鼎　望尚阿衡太宰國公藩屏輔弼福祿來同

震　三年生狗以戌爲母荆夷上侵姬伯出走　需之訟否之姤

艮　塗遏道塞求事不得

漸 探懷得蚤無有凶憂所願失道善居漸好

歸妹 飛樓屬道趾多攬垣居之不安覆厭爲患

豐 義不勝情以欲自傾幾危利寵折角摧頸

旅 潼滃蔚薈扶首來會津液來降流淹滂霈

巽 白駒生芻猗猗盛姝赫喧君子樂以忘憂

兌 車馳人趍卷甲相仇齊魯寇戰敗於犬丘

渙 舉首望城不見子貞使我悔生

節 龍鬬時門失理傷賢内畔外賊則生禍難

中孚 安如泰山福喜屢臻雖有豺虎不致危身

小過 初憂後喜與福爲市八佾列陳飲御嘉友 訟之坎

既濟 持刀操肉對酒不食夫行從軍小子入獄抱膝獨宿

未濟 陰衰老極陽建其德履離戴光天下昭明功業不長蝦蟆

代王否之无妄　大有之臨

屯之第三

屯　兵征大宛北出玉關與胡寇戰平城道西七日絶糧身幾不全

乾　汎汎栢舟流行不休耿耿寤寐心懷大憂仁不逢時復隱窮居

坤　採薪得麟大命隕顛豪雄爭名天下四分　豫之未濟

蒙　山崩谷絶天福盡竭涇渭失紀玉厤盡已

需　夏臺羑里湯文所厄鬼侯俞賄商王解舍

訟　泥津汙辱棄捐溝瀆所共笑哭終不顯録

師　李梅冬實國多盜賊擾亂並作君不能息　同人之損

比　獐鹿逐牧飽歸其居反還次舍無有疾故　訟之小畜

小畜夾河爲婚期至無船淫心失望不見所歡

履 百足俱行相輔爲強三聖翼事王室寵光比之无妄

泰 坐位失處不能自居賊破王邑陰陽顛倒

否 登几上輿駕駟南遊合從散橫燕齊以強

同人三孫荷弩無益於輔城弱不守邦君受討

大有河伯大呼津不得渡船空無人往來亦難

謙 甘露醴泉太平機關仁德感應歲樂民安大過之未濟

豫 重茵厚席循皐採藿雖躓不懼反復其宅

隨 太乙駕騮從天上來徵我叔季封爲魯侯需之比否之大壯

蠱 南巴六安石解戟天所指不已耋老復丁弊室舊墟更爲新家

臨 家給人足頌聲並作四夷賓伏干戈韜閣一作觀卦

觀　東隣嫁女爲王妃后莊公築館以尊王母歸于京師季姜悅喜（一作臨卦　否之既濟）

噬嗑　陳妻敬仲兆興齊姜營丘是適八世大昌（姤之師　比之豫）

賁　路多枳棘步刺我足不利旅客爲心作毒（損卦同）

剥　天官列宿五神共舍宮闕光堅君安其居

復　牧羊稻園聞虎呻喧懼畏惕息終無禍患（否之節）

無妄　鳴條之圖北奔犬胡左衽爲長國號匈奴主君旄頭立尊單于

大畜　尅身潔己逢禹巡狩錫我玄珪拜受福佑

頤　冬華不實國多盜賊疾病難醫鬼哭其室

大過　褭送季女至于蕩道齊子旦夕留連久處

坎　朽根倒樹花葉落去卒逢火焱隨風偃仆

離　陰變爲陽女化作男治道得通君臣相承

咸　炎絶續光火滅復明簡易理得以成乾功

恒　多載重負捐棄于野予母誰子但自勞苦

遯　江河海澤衆利安宅可以富有飲御嘉客

大壯　冬採薇蘭地凍堅坼利走室北暮無所得

晉　烏鳴嘻嘻天火將起燔我室屋災及姬后

明夷　蠆室蜂戸螫我手足不可進取爲身害速履之泰

家人　崔嵬北獄天神貴客溫仁正直主布恩德開衣不巳蒙受大福

睽　伯蹇叔盲莫與守牀失我衣裘伐民除鄉

蹇　爲季求婦家在東海水長無船不見所歡

解　山陵丘墓魂鬼失舍精神盡竭長寢不覺

損　踦牛失角下山傷軸失其利祿

益　水戴船舟無根以浮往來溶溶心勞且憂

夬　有鳥來飛集于古樹鳴聲可惡主將出去

姤　東徙不時觸患離憂井泥無濡思叔舊居

萃　黃帝所生伏羲之宇兵刃不至利以居止 履之家人

升　東山救亂處婦思夫勞我君子役無休已

困　跛躓未起先利後市不得鹿子

井　大蛇當路使季畏懼湯火之災切近我膚賴其天幸趨於王廬 損之比

革　從容長閒遊戲南山拜祠禱神使神無患 一作震卦

鼎　區脫康居慕義入朝湛露之歡三爵畢恩復歸野廬與母相扶

震：龜鱉列市河海饒有長錢善價商李悅喜一作華卦

艮　年常蒙慶今歲受福三夫採葩出必有得

漸　二人俱東道路爭訟意乖不同使君悩悩

歸妹樹我藿豆鹿兎爲食君不恤護秋無收入

豐：黃鳥悲鳴愁不見星困於鷙鳥鸇使我驚

旅　雙鳬俱飛欲歸稻食經涉萑澤爲矢所射傷我胷臆否之晉

巽　久客無依思歸我鄉霤雨盛溢道未得通

兌　道路僻除南至東遼衛子善辭使國無憂

渙　同枕同袍中年相知少買無失獨居愁思

節　衆神集衆相與議語南國虐亂百姓愁苦興師征討更立賢主小畜之豫

中孚北陸閉蟄隱伏不出目盲耳聾道路不通

小過痴狂妄作心誑善惑迷行失路不知南北
既濟棟隆輔強寵貴日光福善並作樂以高明
未濟愛我嬰女牽衣不與冀幸髙貴反曰賤下

蒙之第四

蒙　何草不黃至未盡玄室家分離悲愁於心
乾　海爲水王聰聖且明百流歸德無有叛逆常饒優足損之履
坤　天之所有禍不過家左輔右弼金玉滿堂常盈不亡富如敖倉
屯　安息康居異國穹廬非吾習俗使我心憂
需　范公鴟夷善賈飾資東之營丘易字子皮把珠載金多得利歸
訟　老楊日衰條多枯枝爵級不進遂下摧隤泰之咸
蒙

師　小狐渡水汚濡其尾利得無幾與道合契

比　豕生魚魴鼠舞庭堂奸佞施毒上下昏荒君失其國

小畜天地配享六位光明陰陽順序以成和平 訟之震

履　踝踵足傷右指病癰失旅後時利走不來

泰　異體殊患各有所屬西隣孤媪欲寄我室王母罵詈求不可得

否　操䅗鄉畝折貨稷黍飲食充口安利無咎

同人所受大喜福祿重來樂且日富蒙慶得財

大有舉盃飲酒無益溫寒指直失取亡利不懽

謙　日月相望光明盛昌三聖茂承功德大隆 師之節 否之賁

豫　猾夫爭强民去其鄉公孫叔子戰於瀟湘

隨　猿墮高木不踒手足還歸其室保我金玉 否之臨 益之豫 訟之艮

蠱　逐狐東山水遏我前深不可涉失利後便

臨　鑿井求玉非卞氏寶名困身辱勞無所得

觀　黃玉温厚君子所服甘露溽暑萬物生茂

噬嗑　畫龍頭頸文章不成甘言善語說辭無名

賁　招禍致凶來弊我邦病在手足不得安息

剥　履位乘勢靡有絶斃皆爲隷圉與衆庶伍

復　獐鹿雉兎羣聚東囿盧黃白脊俱往趨逐九齚十得君子有喜

無妄　織金未成緯畫無名長子逐兎鹿起失路後利不得因無所據

大畜　天厭周德命與仁國以禮靖民兵革休息

頤　重譯賀芝來除我憂善說遂良與喜相求

大過 膏澤肥壤人民孔樂宜利俱止長安富貴

坎 白龍黑虎起鬠暴怒戰於涿鹿蚩尤敗走居止不殆君安其所（同人之比 益之比）

離 抱關傳語聾聵跛攉殆衆賤無下災殃所在

咸 憂禍解除喜至慶來坐立歡門與樂爲鄰（小畜之井）

恒 折鋒載殳輿馬放休狩軍依營天下安寧

遯 至德之君仁政且溫伊呂股肱國富民安

大壯 千里望城不見山青老兎蝦蟆遠絶無家

晉 有莘季女爲夏妃后貴夫壽子母字四海

明夷 不虞之患禍至無門奄忽暴卒痛傷我心

家人 飛鷹退去不食鄰鳥憂患解除君主安居

睽 踁蹉側跌申酉爲祟亥戌滅明顏子隱藏

蹇　司録憑怒謀議無道商民失政殷人乏祀

解　望鷄得雉冀馬獲駒大德生少有瘳從居

損　忉忉怛怛如將不活黍稷之恩靈輒以存

益　莫莫輯輯夜作晝匿謀議我資來攻我室空盡我財幾無以食

夬　天之所壞不可強支衆口指笑雖貴必危

姤　目動睫瞤喜來加身舉家蒙歡吉利無殃

萃　黿羹芬香染指弗嘗口飢於手子公恨饞

升　天福所豐兆如飛龍成子得志六三以興

困　氓伯以婚抱布自媒棄禮急情卒罹悔憂

震　夏姬親附心聽悅喜利以搏取無言不許

艮　南山昊天刺政閔身疾悲無辜背憎爲仇

井　三人爲旅俱歸北海入門上堂拜謁王母勞賜我酒懽樂無疆

革　慾淫旱疾傷害稼穡喪制病來農人無食

鼎　攫飯把肉以就口食所往必得無有虛乏

漸　鳥飛無翼兎走折足雖欲會同未得所欲

歸妹　體重飛難不得踰關不離室垣

豐　四雄並處人民愁苦擁兵西東不得安所

旅　譯重關牢求解己憂心感乃成與喜俱居

巽　患解憂除王母相於與喜俱來使我安居

兌　冬生不華老女無家霜冷蓬室更爲枯株

渙　震慄恐惧多所畏惡行道留難不可以步

節　三人共妻莫適爲雌子無名氏公不可知

中孚旱凋被霜花葉不長非時爲災家受其殃
小過雉兎之東狼虎所從貪叨凶惡不可止息
既濟馬驚破車主墮深溝身死寃去離其室廬
未濟山林麓藪非人所往鳥獸無禮使我心苦

焦氏易林卷第一

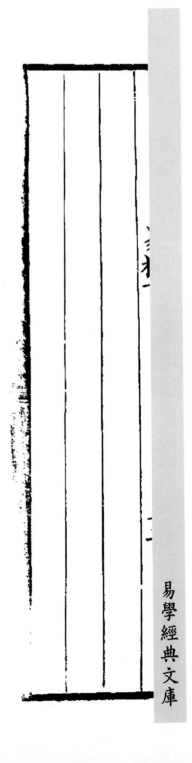

焦氏易林卷第二

需之第五

需　久旱三年草木不生粢盛空乏無以供靈

乾　火滅復息君明其德仁人可遇身受利福

坤　温山松栢常茂不落鸞凰以庇得其歡樂　否之恒

屯　西誅不服恃强負力倍道趨敵師徒敗覆　益之同人

蒙　三塗五岳陽城太室神明所伏獨無兵革

訟　二牛生狗以戌爲母荊夷上侵姬伯出走　坤之震　否之姤

師　皀遊江海役行千里以爲死亡復見空素長主凶憂

比　太乙駕騮從天上來徵君叔季封爲魯侯無有凶憂　屯之隨　否之大壯

小畜　紝績獨居寡處無夫隂陽失忘爲人僕使

履　兵征大宛北出玉門與胡寇戰平城道西七日絶粮身幾不全與屯同

泰　楚靈暴虐罷極民力禍起乾溪棄疾作毒扶伏奔迸身死亥室

否　雌單獨居歸其本巢毛羽憔悴志如死灰

同人　兩矛相刺勇力鈞敵交綏結和不破不缺

大有　乘船渡濟載水逢火賴幸免禍蒙我生全

謙　喪寵溢尤政傾家覆我宗失國秦滅周室

豫　冬無藏氷春陽不通陰流爲賊國被其殃

隨　田鼠野雞意常欲逃拘制籠檻不得動揺

蠱　佩玉蘂兮無所繫之旨酒一盛莫與笑語孤寡獨特常愁憂苦

臨　没游源口求鮫爲寶家危自懼復出生道

觀　河水孔穴壞敗我室水深無岸魚鱉傾側

噬嗑　教羊牧兎使魚捕鼠任非其人費日無功

賁　升户入室就温燠食氷凍北陸不能相賊

剥　孤竹之墟老婦无夫傷於蒺藜不見少妻東郭堂姜武氏

破亡　乾之夬

復　凶禍災殃日益明彰福不可釐三郤夷傷

無妄　載璧秉珪請命于河周公作誓冲人瘳愈

大畜　鳥升鵲舉照臨東海龍降庭堅爲陶叔後封圻英六復禄

綏厚　謙之順同

頤　危坐至暮請求不得膏澤不降政戾民忒

大過　宜昌娶媍東家歌舞宴樂有序長樂嘉喜

坎 鑿井求玉非卞氏寶名困身辱勞無所得 蒙之臨

離 鵠思其雄欲隨鳳東順理羽翼出次須日中留北邑復反其室

咸 早霜晩雪傷害禾麥損功棄力飢無所食 比之遯

恒 蝙螺生子深目黑醜雖飾相就衆人莫取

遯 去如飛鴻避凶且東遂得全脫與福相逢

大壯 婚姻合配同枕共牢以降休嘉子孫封侯

晉 咸陽辰巳長安戍亥丘陵生止非魚鮹市不可辭阻終無悔咎

明夷 螟虫爲賊害我五穀簞食空虛家無所食 坤之革

家人 謀恩拜德東歸吾國慷慨宴笑歡樂有福

睽 齋具贖狸不聽我辭係於虎鬚牽不得來 否之革

蹇 比目附翼歡樂相得行止集周終不離忒

解 一指食肉口無所得染其鼎𪔳舌饞於腹

損 曳綸江海釣挂魴鯉王孫得利以享仲友

益 商紂牧野顛敗所在賦斂重數黎元愁苦

夬 北辰紫宫衣冠立中含和建德常受天福 坤之觀履之需

姤 輕戰尚勇不知兵權爲敵所制從師北奔

萃 大口宣舌神使仲言黄龍景星出應德門與福上天天下安昌 大有之蠱

升 凶子禍孫把劍向門凶訟讙嚚驚駭我家 一作爭訟

困 祝伯善言能事鬼神辭祈萬歲使君延年

井 珪璧琮璋執贄見王百里甯戚應聘齊秦 否之訟

革 昧旦乘車履危蹈溝亡失裙襦摧折兩軸

鼎　膠着木連不出牛欄斯饔羔羊家室相安

震　卷領遁世仁德不舍三聖攸同周家茂興

艮　黍稷苗稻垂秀方造中旱不雨傷風枯槁

漸　冠帶南遊與福喜逢期於嘉貞拜爲公卿

歸妹　一巢九子同公共母柔順利貞出入不殆福祿所在

豐　韓氏長女嫁於東海宜家富主柔順以居利得過倍

旅　因禍受福喜盈我室所願必得

巽　晉平有疾迎醫秦國病乃大患分爲兩豎逃匿膏肓和不能愈

兌　杜飛門啓患憂大解脩福行善不爲身禍 同人之夬

渙　追亡逐北至止而得稚叔相呼反其室廬

節　鳥鳴既端一呼三顛動搖東西危慄不安疾病無患

中孚　龍化爲虎泰山之陽衆多從者莫敢救藏

小過　猋風忽起車馳揭揭棄名追亡失其和節憂心惙惙

既濟　遊居石門祿安身全受福西隣婦飲玉泉

未濟　登高上山見王自言申理我讒得職蒙恩比之未濟同

訟之第六

訟　文巧俗弊將反大質僵死如麻流血濡櫓皆知其母不識其父干戈乃止

乾　文王四乳仁愛篤厚子畜十男夭折無有

坤　日入望東不見子家長女無夫左手搔頭

屯　東上泰山見堯自言申理我冤以解憂患

蒙　奎軫溫湯過角宿房宣時布和無所不通

需　引船牽頭雖拘無憂王母善禱禍不成災

師　鳧得水沒喜笑自啄毛羽悅澤利以攻玉公出不復伯氏
客宿

比　水流趨下欲至東海求我所有買魴與鯉

小畜　獐鹿逐牧安飽其居反還次舍無有疾故　屯之比

履　樹植藿豆不得芸鋤王事靡盬秋無所收

泰　弱水之西有西王母生不知死與天相保

否　數窮廓落困於歷室卒登玉堂與堯侑食

同人　子鉏執麟春秋作元陰聖將終尼父悲心

大有　尹氏伯奇父子生離無罪被辜長舌所為

謙　播木折枝與母別離九皐難扣絕不相知

豫　弱雞無距與鵲格鬬翅折目盲為鳩所傷

隨　甲乙丙丁俱歸我庭三丑六子入門見母

蠱　桑葉螟蠹衣弊如絡女工不成絲布爲玉

臨　開牢闢門巡狩釋冤夏臺羑里湯文悦喜

觀　欽明之德坐前玉食必保嘉美長受安福

噬嗑　武夫司空多口爭訟金火當戶民不安處年飢無有

賁　紫閣九重尊嚴在中黄帝堯舜履行至公冠帶垂衣天下康寧

剝　負牛上山力劣行難烈風雨雪遮遏我前中道復還憂者自歡

復　蹇兎缺脣行難齒寒口痛不言爲身生患

無妄　合體比翼嘉耦相得與君同好使我有福

大畜　口啄卒卒憂從中出喪我寶貝妻妾失位

頤　兩心不同或從西東明論終日莫適相從

大過 啞啞笑言與善飲食長樂行觴千秋起舞拜受大福

坎 初憂後喜與福爲市八佾列陳飲御諸友坤之小過

離 西徙無家破其新車王孫失利不如止居

咸 鳳凰在左麒麟處右仁聖相遇伊呂集聚時無殃咎福爲我母

恒 偃脫康居慕仁入朝湛露之歡三爵畢恩復歸舊廬否之坎

遯 疾貧望幸使伯行販闚牢擇羊多得大牂

大壯 處高不傷雖危不亡握珠懷玉還歸其鄉

晉 右手棄酒左手收牂行逢禮御餌得玉杯

明夷 養虎牧狼還自賊傷大勇小捷雖危不亡

家人 戴堯扶禹松喬彭祖西遇王母道路夷易無敢難者損之離師之離

睽　秋冬探巢不得鵲鷀銜指北去媿我少姬

蹇　兩羝三牂俱之代鄉留連多難損其食糧

解　南徙無廬鳥破其巢伐木思初不利動揺

損　爭訟不已更相擊刺張季弱口被髮北走

益　延頸望酒不入我口初喜後否得利無有　履之萃

夬　被髮傾走寇逐我後亡失刀兵身全不傷

姤　麟鳳所遊安樂無憂君子撫民世代千秋

萃　褰衣涉河水深漬罷賴幸舟子濟脫無他

升　憒憒不悅憂從中出喪我金罌無妄失位

困　絆跳不遠心與言反尼父望家莒藟未華

井　大壯肥牸惠我諸舅內外和睦不憂飢渴

革　黃帝建元文德在身祿若陽春封爲魯君

鼎 虎聚摩牙以待豚豬往必傷亡宜利止居

震 天地配亨六位光明陰陽順序以成和平（蒙之小畜）

艮 猿墮高木不踒手足保我金玉還歸其室（蒙之履）

漸 營室紫宮堅不可攻明神建德君受大福

歸妹 孤翁寡婦獨宿悲苦目張耳鳴無與笑語（歸妹之履）

豐 低頭竊視有所畏避行者不利酒酸魚敗衆莫貪嗜

旅 載金販狗利棄我走藏匿淵底悔折為咎

巽 行觸大忌與司命牾執囚束縛拘制於吏（中孚之震）

兌 執玉歡喜佩之解攣危詳及安使我無患

渙 機杼紛擾女功不成長妹許嫁衣無襦袴聞禍不成凶惡

消去

節 金人鐵距火燒左右雖懼不恐獨得全處

中孚謝恩拜德東歸吾國舞蹈欣躍歡樂受福
小過青牛白咽呼我俱田歷山之下可以多耕歲樂時節民人
安寧
旣濟白雉羣雊慕德朝貢湛露之恩使我得懽
未濟避患東西反入禍門糟糠不足憂愁我心

師之第七

師　烏鳴呼子哺以酒脯高樓之處子來歸母穡人成功年歲
大有姤婦無子
乾　一簧兩舌佞言謟語三姦成市曾母投杼
坤　春桃生花季女宜家受福且多在師中吉男爲封君
屯　殊類異路心不相慕牝牛牡猳獨無室家
蒙　折葉蔽目不見稚叔三足孤烏遠其元夫

需　雀東求粒誤入罔域賴逢君子脫復歸息

訟　王孫季子相與孝友明允篤誠升擢薦舉爲國幹輔

比　削樹無枝與子分離飢寒莫食獨泣哀悲

小畜　舜升大禹石夷之野徵詣玉闕拜理水土

履　義不勝情以欲自營見利危寵滅君令名

泰　三人北行六位光明道逢淑女與我驥子

否　羿張烏號彀射天狼柱國雄勇鬬死滎陽

同人　季姬踟躕結衿待時終日至暮百兩不來

大有　鴻鴈翩翩始怨勞苦災疫病民鰥寡愁憂

謙　穿鼻狗邦僵離旁春天地易紀日月更始

豫　北山有棗使叔壽考東嶺多栗宜行賈市陸梁雌雄所至

利喜

隨　干旄旌旗撫幟在郊雖有寶玉无路致之

蠱　精潔淵塞爲讒所言證訊詰請繫於枳温甘棠聽斷怡然

蒙恩

臨　玄黄虺隤行者勞罷役夫憔悴踰時不歸

觀　膚敏之德發憤忘食虜豹禽說以成主德（禽一作擒）

噬嗑　采唐沫鄉要我桑中失信不會憂思約帶

賁　伯寧子福惠我邦國鋤除苛残使季無患

剥　讒父佞雄賊亂邦國生雖忠孝敗恩不福

復　淵泉隄防水道通利順注湖海邦國富有

無妄　江南多蝮螫我手足寃繁詰屈痛徹心腹

大畜　三人俱行别離獨食一身五心反覆迷惑亂無所得

頤　鴉鳴庭中以戒災凶重門擊柝備不速客

大過　功成事就拱手安居立德有言坐飾貢賦

坎　國亂不安兵革爲患掠我妻子家中飢寒

離　戴堯扶禹從喬彭祖西遇王母道路夷易無敢難者

咸　長尾委蛇畫地成河深不可涉絕無以比惆悵會息

恒　乘龍從蜺徵詣北闕乃見宣室拜守東城鎮慰黎元舉家蒙福

遯　土與山連終身無患天地高明萬歲長安

大壯　久旱水涸枯槁無澤虛修其德未有所獲

晉　依天倚地凶危不至上清下淨受福大明君受其利

明夷　火烈不去必殪僵仆燔我衣裾福不可悔

家人　配合相迎利之四鄉欣喜興釋所言得當

睽　清人高子久屯外野道遙不歸思我慈母

蹇　武庫軍府甲兵所聚非里邑居不可舍止

解　三德五才和合四時陰陽順序國無咎災

損　解衣毛羽飛入大都晨門戒守鄭忽失家

益　削根燒株不生肌膚病在心腹日以燋枯

夬　文山紫芝雍梁朱草生長和氣福祿來處

姤　多載重負捐弃于野予母誰子但自勞苦

萃　鳧雁啞啞以水爲家雌雄相和心志娛樂得其歡欲

升　耳目盲聾所言不通佇立以泣事無成功

困　天宮列宿五神所舍宮闕堅固君安其居

井　范子妙材戮辱傷膚然後相國封爲應侯

革　秋冬探巢不得鵲雛銜指北去慙我少夫

鼎　子畏於匡厄困陳蔡德行不危竟脫厄害

震　鴻飛在陸公出不復仲氏任止伯氏客宿

艮　鶴鳴九皐避世隱居抱朴守真竟不隨時

漸　舜升大禹石夷之野徵詣玉闕拜治水土（乾之中孚　師之小畜）

歸妹　左輔右弼金玉滿匱常盈不亡富如廒倉（與蒙之坤下四句同）

豐　崔嵬北岳天神貴客衣冠不已蒙被恩德

旅　空槽注猪豶豕不到張弓祝雞雄父飛去

巽　胡蠻戎狄大陰所積涸氷凍寒君子不存

兌　甘露醴泉太平機關仁德感應歲樂民安（屯之謙）

渙　惡來呼伯慎驚外客甲守閉宅以備凶急臨折之憂將滅無災

節　日月相望光明盛昌三聖茂功仁德大隆（蒙之謙　否之賁）

中孚　葛藟蒙棘華不得實讒佞亂政使恩壅塞

小過　隣不我顧而望玉女身多癩疾誰肯媚者

既濟　精誠所在神爲之輔德教尚忠彌世長久三聖尚功多受福祉

未濟　鑽木取火掘地索泉主母飢渴手爲心禍

比之第八

比　鹿得美草鳴呼其友九族和睦不憂飢乏長子入獄霜降族哭（同人之蹇　益之恒）

乾　繼祖復宗追明成康光照萬國享世久長

坤　麟子鳳雛生長家國和氣所居康樂無憂邦多聖人

屯　取火流泉釣魴山顛魚不可得火不肯燃（小畜之屯）

蒙　彭生爲娱白虎行菑盗堯衣裳絓跖荷兵青禽照火三日夷傷

需　黍稷醇醲敬奉山宗神嗜飲食甘雨嘉降黎庶蕃殖獨蒙福祉

訟　李花再實鴻飛降集仁哲權輿蔭國受福（小畜之離　豫之小過）

師　千歲之墟大國所居不見子都城空無家

小畜　公子王孫把彈揖丸發輒有得室家饒足

履　驪姬讒喜與二嬖謀譖殺恭子賊害忠孝申生以縊重耳奔逃

泰　長生無極子孫千億栢柱載青堅固不傾

否　失意懷憂如幽狴牢亡子喪夫附托寄居

同人　仁智隱伏麟不可得龍蛇潛藏虛居堂室

大有　捌絜累累綿結難解嫫母銜嫁媒不得坐自爲身禍

謙　蜩飛墜木不毀頭足保我羽翼復歸其室

豫　陳嫣敬仲兆興齊姜乃適營丘八世大昌　姤之師屯之噬嗑

隨　過時不歸雌雄苦悲徘徊外國與母分離

蠱　齊魯爭言戰於龍門搆怨結禍三世不安　坤之離同人之睽謙之咸

臨　府藏之富王以賑貸捕魚河海笱頩多得　損之睽同人之益

觀　鳴鶴北飛下就稻池鱣鮪鰋鯉衆多饒有一狗獲兩利得過倍

噬嗑　蒼梧鬱林道易利通元龜象齒寶貝南金爲吾福功

賁　兩火爭明雖鬬不傷分離且忍全我弟兄

剥　伯夷叔齊貞廉之師以德防患憂禍不存　泰之乾

復　季去我東髮櫛如蓬展轉空牀內懷憂傷　一本作賁辭

無妄　百足俱行相輔爲強三聖翼事王室寵光

大畜　壅遏隄防水不得行火盛陽光陰蜺伏藏退還其鄉

頤　騰蛇乘龍年歲飢凶民食草蓬

大過　鉛刀攻玉堅不可得盡我筋力胝𦞦爲候 坤之豫

坎　恒山浦壽高邑所在陰氣下淋洪水不處牢人開戶

離　比目四翼來安我國福善上堂與我同牀 損之隨同人之兌

咸　杜口結舌心中怫鬱去菑患生莫所告冤 否之巽之井

恒　牽尾不前逆理失臣忠莫往來惠朔以奔

遯　早霜晚雪傷害禾麥損功棄力飢無所食 需之咸

大壯　適戍失期患生無聊懼以發憂發藏閉塞邦國騷愁

晉　昊天白日照臨我國萬民康樂咸賴嘉福

明夷　元吉无咎安寧不殆時行則行勿之有悔

家人　懿公淺愚不深受謀無援失國爲狄所賊

睽　城上有烏自號破家呼喚鴆毒爲國患災

蹇　長股喜走趍步千里王良嘉言伯來在道申見王母

解　耕石山顛費種家貧無聊處作苗髮不生

損　二人異路東趍西步千里之行不相知處

益　純服黃裳載土以興德義茂生天下歸仁

夬　五銑鐵順倉庫空虛賈市無盈與利爲仇

姤　登崑崙入天門過糟丘宿玉泉問惠觀見仁君

萃　團團白日爲月所食損上毀下鄭昭出走

升　倉盈庾億宜稼黍稷年歲有息國家富有　乾之師　坤之恒

困　虎狼結謀相聚爲保伺嚙牛羊道絕不通傷我商人

井　木年摧折常恐不活老賴福慶光榮相輔

革　同載共車中道分去喪我元夫獨爲孤苦　隨之比

鼎　飲酒醉酗跳躍爭鬭伯傷叔僵東家治喪

震　出值凶災逢五赤頭跳言死格扶杖伏聽不敢動搖

艮　狼虎爭強禮義不行兼吞其國齊晉無主（小畜之隨）

漸　南國少子方略美好求我長女薄賤不與反得醜惡後乃大悔（泰之晉）

歸妹　一身兩頭莫適其軀亂不可治孰為湯漢

豐　李耳彙鵲更相恐怯偃尒以腹不能距格

旅　松柏棟梁相輔為強八哲五教王室康寧

巽　雀行求食暮歸孚乳反其屋室安寧如故

兌　四尾六頭為凶作妖陰不奉陽上失其明

渙　一衣三關結緝不便岐道異路日暮不到

節　牙蘖生齒室當啓戶幽人利貞鼓翼起舞

中孚　春鴻飛東以馬貿金利得十倍重載歸鄉

小過歡悦以喜子孫俱在平發能忍不見殃咎

既濟精神消落形骸醜惡齟齬頓挫枯槁腐蠹

未濟登高上山見王自言申理我冤得職蒙恩

焦氏易林卷第二

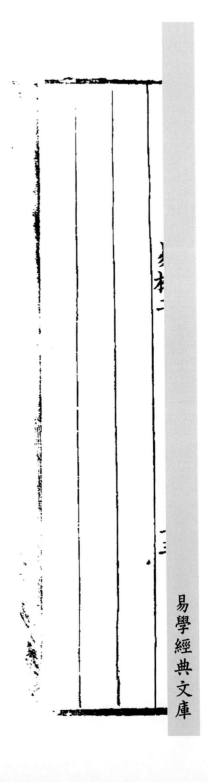

焦氏易林卷第三

小畜之第九

小畜白鳥銜餌鳴呼其子斡枝張翅來從其母伯仲叔季方賀舉手

乾　東遇虎地牛馬奔驚道絕不通南困無功

坤　子鉏執麟春秋作元陰將以終尼父悲心

屯　取火泉源釣魚山巔魚不可得火不可然比之屯

蒙　機關不便不能出言精誠不通爲人所冤

需　故室舊廬稍弊且徐不如新巢可治樂居

訟　蜲蛇循流東求大魚預且舉網庖人歌謳

師　鑿山通道南至嘉國周公祝祖襄適荊楚

比　鵲近却縮不見頭目日以困急不能自復

宋本焦氏易林（吳門黃氏士禮居十六卷本）

履　五舌啄難各自有言異國殊俗使心迷惑所求不得

泰　天門開闢牢户寥廓桎梏解脫拘囚縱釋

否　堅冰黄鳥常哀愁悲數驚鷙鳥雛爲我憂

同人　日走月步趣不同舍夫妻反目主君失居

大有　金牙鐵齒西王母子無有患殃扶舍陟道到來不久

謙　式微式微憂禍相半隔以岩山室家分散

豫　衆神集聚相與議語南國虐亂百姓勞苦興師征伐更立賢主

隨　虎狼争食禮義不行兼吞其國齊魯無主 比之艮

蠱　寄生無根如過浮雲本立不固斯須落去更爲枯樹

臨　子啼索哺母行求食反見空巢長息呰弋

觀　駕駟逐狐輪掛荊棘車不結轍公子無得

噬嗑方啄廣口仁智聖厚釋解倒懸唐國太安

賁　駕福乘喜來至家國戴慶南行雝我安居

剥　孔鯉伯魚北至高奴木馬金車駕遊大都王母送我來牝

字駒

復　三足無頭不知所之心狂精傷莫使爲明不見日光

無妄騋牝龍身日馭三千南止蒼梧與福爲婚道里夷易安全

無忌

大畜辰次降婁王駕巡時廣佑施惠安國無憂

頤　望幸不到文章未就王子逐走馬騎啣傷眹跡不得昌其

有常

大過中原有菽以待饔食飲御諸友所求大得

坎　亂茅縮酒靈巫拜禱神怒不許瘁愁憂苦

離　李華再實鴻卵降集仁哲以興㒶國受福比之訟豫之小過

咸　源出陵足行於山趾不爲暴害民得安居

恒　客入其門奔走東西童女不織士棄耕畝暴骨千里歲寒無年

遯　天之所予福祿常在以永康寧不憂危殆

大壯　蝗食我稻驅不可去實穗無有但見空藁

晉　牛驥同堂郭氏已亡國破空虛君奔走逃

明夷　狗無前足陰謀其比爲身賊害何以安息

家人　兩輪自轉南上大阪四馬共轅無有重難與禹笑言鶴鳴窾穴不離其室

睽　芽孽生達陽昌於外左手執籥公言錫爵

蹇　秋花冬萼數被嚴霜甲兵當庭萬物不生雄犬夜鳴民擾

大驚

解　霜降閉户蟄虫隱處不見日月與死爲伍 坤之需

損　身載百里功加四海爲文開基武立大柱

益　禹作神鼎伯益銜指斧斤高閣憧位獨坐賣庸不售苦困爲禍

夬　福祚之家喜至憂除如風兼雨出車入魚

姤　蒼龍隱伏麟鳳遠匿寇來同處未得安息

升　白鶴啣珠夜食爲明懷安德音身受光榮

萃　旦生夕死名曰嬰鬼不可得視

困　行役未已新事復起姬姜勞苦不得休息

井　憂患解除喜至慶來坐立懽忻與樂爲隣 蒙之咸

革　晨風之翰大舉就温昧過我邑羿無所得

鼎　下田稷黍芳華生齒大雨集降紛滂滿甕

震　君子碌碌鳥庇茂木見春百穀心勞願德

艮　折臂踒足不能進酒祠祀闊曠神怒不喜

漸　學靈三年聖且神明光見善祥吉喜福慶鳴鳩飛來告我無憂一作鹿鳴鴻飛鳴見善祥

歸妹　三婦同夫志不相思心懷不平志常愁悲

豐　中田膏黍以享王母受福千億所求大得

旅　陽火不災喜至慶來降福送喜鼓琴歌謳

兌　陽明不息君無恩德伯氏失利農喪其力

巽　燕雀銜茅以生孚乳兄弟六人姣好孝悌各得其願和悅相樂

渙　鶉尾奔奔火中成軍虢叔出奔下失其君

節　兩人相距止不同舍夫妻離散衛侯失居

中孚　甑爲燔虛風吹雲却欲上不得反歸其宅

小過　關雎淑女配我君子少妻在門君子嘉喜

既濟　慈母赤子饗賜得士夷狄服除以安王家

未濟　三足孤烏靈鳴督郵思過罰惡自賊其家

履之第十

履　十烏俱飛羿得九雌雖得淂全且驚不危

乾　東嚮蕃垣相與笑言子般執鞭圉人作患

坤　循河樀舟旁淮東游漁父舉網先得大鱣

屯　轅折輪破馬倚僕卧後旅先宿右足跌踒

蒙　兩人相絆相與悖戾心不同爭訟恟恟然

需　北辰紫宮衣冠立中含和建德常受天福　需之夬　坤之觀

履

訟　遊居石門禄身安全受福西隣歸飲玉泉需之既濟

師　羊腸九縈相推併前止須王孫乃能上天

比　爭訟相倍和氣不處陰陽俱否穀風母子

小畜　郭叔距順為棘所拘龍額重顙禍不成殃復歸其鄉

泰　蠆室蜂户螫我手足不得進止為吾害咎屯之明夷

否　怒非其怨因拘有遷貪妬腐鼠而呼鴟鳶失反被困

同人　嬰孩求乳母歸其子黃麑悅喜自樂甘餌

大有　鉞鏤勝服錦繡不成鷹逐雉兎爪折不得

謙　雨潦集降河梁不通鄒魯閉塞破費市空

豫　封豕溝瀆水潦空谷客止舍宿泥塗至腹處無黍稷

隨　三姦相擾桀跖為交上下騷離隔絶天道

蠱　齊景惑疑為孺子牛嫡庶不明賊孽為患

臨　三羊俱亡走奔南行會暮失跡不知所藏

觀　請伯行賈代山之野夜歷險阻不逢危殆利如澆酒

噬嗑　桑之將落殞其黃葉失勢傾側而無所立

賁　上山求魚入水捕狸市非其歸自令久留

剥　名成德就項領不試景公耋老尼父逝去　否之屯

復　天之奧隅堯舜所居以存保身為我國家

無妄　雎鳩淑女賢聖配偶宜家壽福吉慶長久

大畜　兩人俱爭莫能有定心乖不同訟言起凶

頤　涉伯狗名弃禮誅身不得其道成子弃燕

大過　踰江求橘并得大栗烹羊食肉飲酒歌笑

坎　山險難升澗中多石車馳轊擊重傷載軸擔負善躓跌踒
右足　乾之謙

離　元利孔福神所子畜般樂無苦得其歡欲

咸　烏鵲食穀張口受哺蒙被恩福長大成就柔順利貞君臣合好

恒　潼滃蔚薈膚寸來會津液下降流潦滂沛

遯　路多枳棘步刺我足不利旅客爲心作毒 損卦同

大壯　虺蝮所聚難以居處毒螫痛甚瘡不可愈

晉　麟鳳相隨觀察安危東郭聖人后稷周公共和政令君子攸同利以居止長無憂凶

明夷　築亂不時使民恨憂立社爲笑君危臣騷

家人　黃帝所生伏羲之宅兵刃不至利以居止 屯之萃

睽　雀行求食暮歸屋宿反其室舍安寧無故 屯之巽

蹇　太倉積穀天下饒食陰陽調和年歲時熟

解　竿旄旗旌執幟在郊雖有寶珠無路致之師之隨豫之中孚

損　履機蹈顛墜入寒淵行不能前足矮不便

益　嘶命止車和合兩家蛾眉皓齒二國率彊

夬　吉日車攻田弋獲禽宣王飲酒以告嘉功

姤　重伯黃寶宜以我市嫁娶有恩利得過毋

萃　延頸望酒不入我口深以自喜利得無有訟之益

升　牧為代守饗食甘賜得吏士意戰大破胡長安國家

困　日出溫谷臨照萬國高明淑仁虞夏配德

井　逐兎索鳥破我弓車日暮不及失利後時

革　讒言妄語傳相註誤道左失迹不知所處

鼎　履虎躡蛇貶損我威君子失車去其國家

震　本根不固花葉落去更為孤嫗不得相親

艮　五軛四軏優得饒有陳力就列騶虞喜悅

漸　黃帝紫雲聖且神明光見福祥告我无殃

歸妹　五利四福俱佃高邑黍稷盛茂多獲藁稻

豐　羣虎入邑求索肉食大人衛守君不失國

旅　烏子鵲雛常與母居願慕羣侶不離其巢

巽　蹇驢不材駿驥失時筋勞力盡罷於沙丘

兌　玄鬣黑顙東歸高鄉朱鳥道引靈龜載莊遂抵天門見我貞君

渙　探巢得雛鳩鵲來俱使我音娛

節　安上宜官一日九遷升擢超等牧養常山君臣獲安

中孚　大頭目明載受嘉福三雀飛來與祿相得

小過　遠視千里不見黑子離婁之明無益于光

既濟三女爲姦俱遊高園倍室夜行與伯笑言不忍主母失禮
　酒宽皇天誰告

未濟日辰不和強弱相振一雖兩雄客勝主人

　泰之第十一

泰　求玉陳國留連東域須我王孫四月來復主君有德蒙恩
　受福

乾　伯夷叔齊貞廉之師以德防患憂禍不存　比之剥

坤　濟深難渡濡我衣袴五子善權脫無他故　他字一作衣

屯　倚立相望適得道通驅駕奔馳比目同床

蒙　葛藟蒙棘花不得實讒佞爲政使恩壅塞　師之中孚

需　四足無角君子所服南征述職與福相得

訟　踝踵之傷左指病癖失旅後時利走不來　蒙之履

師　春城夏國生長之域可以服食保全家國

比　望驥不來駒蹇爲憂雨驚我心風撼我肌

小畜久客無牀思歸我鄉雷雨涌盈道不得通

履　舫船備水旁可燃火積善有徵終身無禍

否　陟岵望母役事未巳王政無盬不得相保

同人多載重負指棄于野子毋誰子但自勞苦 師之姤

大有生直地乳上皇大喜賜我福祉受命無極

謙　翁翁輈輈稍墮山顛滅其令名長没不全 否之離

悅喜

豫　東隣嫁女爲王妃后莊公築館以尊王母歸于京師季姜

隨　伯虎仲熊德義淵閎使布五穀陰陽順叙 坤之姤 益之屯

蠱　敏捷敬疾如猨升木彤弓雖調終不能獲

臨　舉被覆目不見日月衣裘簟床就長夜室坤之隨

觀　忍醜少羞無面有頭虛日以弊消寡耗減

噬嗑　涸陰沍寒常氷不温令人噎怠雹大為災

賁　夏麥麩䴬霜擊其芒疾君敗國使民夭傷

剝　淵涸龍憂箕子為奴午叔隕命殷破其家午當作干謂比干也

復　跛踦相隨日暮牛罷陵遲後旅失利亡雌

無妄　桑之將落隕其黃葉失勢傾側如無所立

大畜　生長以時長育根本陰陽和德歲樂無憂

頤　童女無夫未有匹配陰陽不和空坐獨宿

大過　春令原宥仁德不合三聖攸同周國茂興

坎　金精耀怒帶劒過午兩虎相距雖驚无咎

離　危坐至暮請求不得膏澤不降政戾民忒

咸　老楊日衰條多枯枝爵級不進日下摧隤 蒙之訟

恒　蔡侯適楚留連江濱踰時歷月思其君后

遯　右撫劒頭左受鈎帶凶訟不止相與爭戾失利市肆

大壯　水流趨下遠至東海求我所有買鮪與鯉 訟之比

晉　登几上輿駕駟南遊合縱散衡燕秦以強

明夷　求兎得獐過其所望歡以相迎高位夷傷

家人　過時不歸道遠且迷旅人心悲使我徘徊

睽　黿孤無室銜指含食盜張民饋見敵失肉

蹇　居如轉丸危不得安東西不寧動生憂患

解　坤厚地德庶物蕃息平康正直以綏大福

損　捌蔽牡荆生賢山傍仇敵背憎孰肯相迎

益　鳳凰銜書賜我玄珪封爲晉侯

夬 作凶不善相牽入井溺陷辜罪禍至憂有

姤 悲鳴比行失其長兄伯仲不幸骸骨散亡

萃 羔衣豹裘髙易我家君子緋好

升 日中爲市各抱所有交易資貨貪珠懐寶心悦歡喜

困 振急絶理常陽不雨物病焦乾華實無有

井 狐貉載剥徙温厚蓐寒棘爲疾有所不足

革 履践危難脱執去患入福喜門見誨大君

鼎 四亂不安東西爲患退止我足毋出國城乃得全完頼其生福

震 南國少子才略美好求我長女賤薄不與反得醜惡後乃大悔 比之漸

艮 妄怒失理陽孤無輔物病焦枯年飢於泰

漸　倬然遠咎避患害早田獲三狐見民爲寶

歸妹　逐鹿山巔利去我西維邪南北無所不得

豐　龍蛇所聚大水來處滑滑沛沛使我無賴

旅　從風吹火牽騏驥尾易爲功力因催受福

巽　澤狗水凫難畜少雛不爲家饒心其凾通

兌　水壞我里東流爲海龜凫讙囂不覩慈母

渙　褰衣涉行水深漬多賴幸舟子濟脫無他　訟之萃

節　龜厭河海陸行不止自令枯槁失其都市憂悔爲咎亦無及已

中孚　同本異業樂仁政德東鄰慕義來興我國

小過　桃李花實累累日息長大成熟甘美可食爲我利福

既濟　重瞳四乳聰明順理無隱不形徵視千里災害不作君子

集聚
未濟實沈參墟以義討尤次止結盟以成霸功
否之第十二
否　秦爲虎狼與晉爭強併吞其國號曰始皇
乾　天之奥府衆利所聚可以饒有樂我君子　謙之豫
坤　天之所災凶不可居轉徙獲福留止危憂
屯　名成德就項領不試景公耋老尼父逝去　履之剥
蒙　特善避患福禄常存雖有豺虎不能危患
需　避患東西反入禍門糠糟不屬憂動我心　訟之未濟
訟　珪璧琮璋執贄見王百里甯越應聘齊秦　需之井
師　揚水潛鑿使君潔白衣素朱表遊戲皋沃得君所願心志娱樂

比　官爵相保居之無咎求免不得怕使恨悔

小畜　載元無褌羸裎出門小兒作笑君爲憂患

履　把珠入口爲我利寶得吾所有欣然嘉喜

泰　行不如還直不如屈進不若退可以安吉

同人　衆鬼凡聚還生大怪九身無頭寃驚鬼去不可以居

大有　家給人足頌聲並作四夷賓服干戈囊閣

謙　人面鬼口長舌爲斧斲破瑚璉殷商絕祀

豫　南山之峻真人所在德配唐虞天命爲子保佑歆享身受大慶

隨　春桃生花季女宜家受福多年男爲邦君 師之坤

蠱　鴟鴞破斧沖人危殆賴其忠德轉禍爲福傾危復立

臨　猿墮高木不踒手足保我金玉還歸其室 訟之艮益之豫蒙之隨

觀　天之奧隅堯舜所居可以存身保我邦家履之復

噬嗑　伯蹇叔盲足病難行終日至暮不離其鄉

賁　日月相望光明盛昌三聖茂功仁德大隆師之節蒙之謙

剝　桃李花實累累日息長大成就甘美可食泰之小過

復　入和出明動作有光運轉休息動作允康

無妄　陰冥一作衰老極陽建其德履離載光天下昭明功業不長

蝦蟆代王大有之臨坤之未濟

大畜　行役未已新事復起姬姜勞苦不得休息

頤　狐鳴茈北飢無所食困於空丘莫與同力

大過　雄聖伏名人匿麟遠走鳳飛北擾亂未息

坎　病貧望幸使伯行販開牢擇羊多得大䍧訟之遯

離　翕翕輈輈稍稍崩顛滅其令名長没不存泰之謙噬嗑之坎

咸　花薄實槁衣弊如絡女功不成絲布如玉 需之坤

恒　温山松栢常茂不落鸞鳳所止得以歡樂

遯　失恃毋友嘉偶出走攫如失兎傫如匱狗 匱作喪

大壯　太乙駕騮從天上求徵我叔季封爲魯侯 屯之隨 需之比

晉　雙鳧俱飛欲歸稻池徑涉藋澤爲矢所射傷我胸臆 屯之旅

明夷　深坑復平天下安寧意娛心樂賴福長生

家人　俱爲天民雲過吾西風伯雨師與我無恩

睽　野鳥山鵲來集六博三鳥四散主人勝客

蹇　北陰司寒堅氷不温凌人情怠大雹爲災

解　伊尹致仕去桀耕野執順以傳反和無咎

損　北風牽手相從笑語伯歌季舞讌樂以喜

益　從巢去家南過白馬東西受福與毋相得

夬　鳥飛跌跛兩兩相和不病四支但去莫疑

姤　三年生駒以戌爲母荆夷上侵姬伯出走　坤之震　需之訟

萃　破筐敝筥弃捐於道壞落穿敗不復爲寶

升　結紐得解憂不爲禍食利供家受福安坐

困　白日陽光雷車避藏雲雨不行各自止鄉

井　杜口結舌心中怫鬱凶災生患無所告寃　否之巽　比之咸

革　賫貝贖狸不聽我辭繫於虎鬚牽不得來　需之睽

鼎　持鶴抱子見蛇何咎室家俱在不失其所

震　逐兎山西利走入門賴我仁德獲爲我福

艮　興役不休與民爭時牛生五趾行危爲憂

漸　春粟夏梨少鮮希有斗千石萬貴不可販

歸妹　悲號北行失其長兄伯仲不幸骸骨散亡

豐　賦斂重數政爲民賊杼軸空盡家去其室

旅　履服白縞殃咎並到憂不敢笑

兌　免冠進賢步行出朝門體不正賊孽爲患

巽　杜口結舌言爲禍母代伯受患無所禱冤（否之井 比之咸）

渙　娶於姜女駕迎新婦少齊在門夫子悅喜

節　牧羊稻園聞虎喧嚾思恐悚息終無禍患（屯之復）

中孚　老妾据機緯絕不知女功不成冬寒無衣

小過　乘龍吐光使陰復明燎獵載聖六師以昌

既濟　東隣嫁女爲王妃后莊公築館以尊主母歸於京師季姜悅喜（屯之觀）

未濟　濯鵠東從道遁頓跌踦日食不退病爲身禍

焦氏易林卷第三

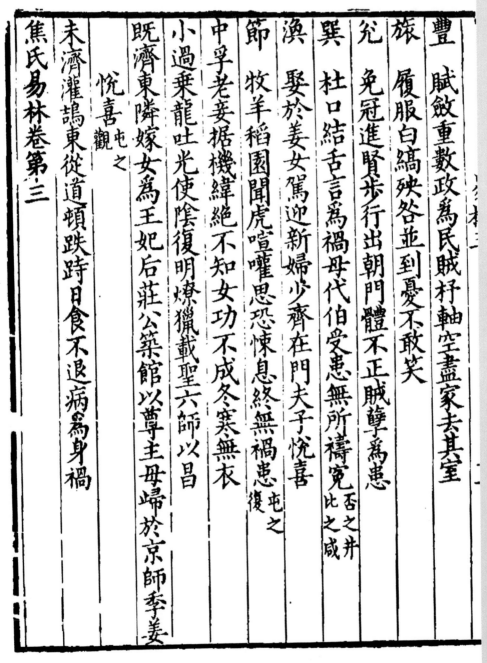

焦氏易林卷第四

同人之第十三

同人　密槖山巔銷鋒鑄刃示不復用天下大勸

乾　一臂六手不便於口莫肯與用利弃我走

坤　獐鹿逐牧飽歸其居安寧無悔

屯　鴻魚逆流至人潛渚蓬蒿代柱大屋顛倒

蒙　三羖五牂相隨俱行迷入空澤經涉六駮為所傷賊

需　黃帝出遊駕龍乘馬東上太山南過齊魯邦國咸喜

訟　履危不安心欲東西步走逐鹿空無所得

師　望尚阿衡太宰周公藩屏湯武立為侯王

比　白龍黑虎起伏俱怒戰於阪兆蚩尤走敗死於魯首　蒙之坎益

之比同

小畜 載石上山步跌不前嚬眉之憂不得所歡

履 周德既成杼軸不傾申酉跌暮耋老衰去箴石不祐

泰 乘雲帶雨與飛鳥俱動舉千里見我慈母

否 賫貝贖狸不聽我辭繫我虎鬚牽不得來

大有 三翼飛來是我逢時俱行先至多得大利

謙 兩足四翼飛入家國寧我伯子與母相得

豫 按民呼池玉盃文案魚如白雲一國獲願

隨 季姬踟躕望我城隅終日至暮不見齊侯君上無憂

蠱 龍渴求飲黑雲影從河伯奉觴跪進酒漿流潦滂滂

臨 出門逢患與福爲怨更相擊刺傷我手端

觀 播天舞地神明所守安樂無咎

噬嗑 兩金相擊勇氣鈞敵終日大戰不破不缺

賁　車雖駕兩絹絶馬奔出雙輪脫行不至道遇害

剥　文山紫芝雍梁朱草長生和氣王以爲寶公尸侑食福祿來處

復　把珠入口爲我畜寶得吾所有欣然嘉喜

無妄　負牛上山力劣行難烈風雨雪遮遏我前中道復還憂者得歡

大畜　陶朱白珪善買息資三致千金德施上人

頤　子鉏執麟春秋作元陰聖將終尼父悲心

大過　春日載陽福履齊長四時不忒與樂爲昌

坎　孔德如玉出於幽谷飛上喬木鼓其羽翼大光照國　坤之比

離　頤脫康居慕仁入朝湛露之歡三爵畢恩復歸窮廬以安其居

咸　秋冬夜行照覽星辰道理利通終身何患
恒　鳴鵠抱子見蚍何咎室家俱在不失其所
遯　安和泰山福祿屢臻雖有豺虎不能危身
大壯老目瞢眠不知東西君失理命以直為傴王珎其寶
晉　植璧秉珪請命于河周公剋敏冲人瘳愈
明夷大王執政歲熟民富國家豐有主者有喜
家人爭訟相背和氣不處陰陽俱否穀風無子
睽　齊魯爭言戰於龍門構怨結禍三世不安比之蠱坤之離
蹇　鹿得美草鳴呼其友九族和睦不離邦域
解　百里南行雖徵復明去虞適秦為穆國卿
損　梅李冬實國多寇賊亂擾並作王不能制屯之師
益　府藏之富王以賑貧捕魚河海笱罟多得巨蛇大鰌戰於

國郊君遂走迯 比之臨 損之睽

夬 杜飛門啓患憂大解去老乘馬不爲身禍 需之兌

姤 宜昌娶婦東家歌舞長樂歡喜

萃 正陽之央甲氏以亡禍及留吁湮滅爲墟

升 鳥過稻廬甘樂[illegible]鮪雖驅不去田畯懷憂

困 跛踦俱行日暮車傷失旅乏糧

井 龍門水穴流行不害民安其土君臣相保

革 山陵四塞遏我徑路欲前不得復還故處

鼎 兩虎爭鬬血流漂杵城郭空墟蒿藜塞道

艮 龍生無常或托空桒憑乘風雲爲堯立功

震 依叔墻隅志下心勞楚亭晨食韓子低頭

漸 魁行搖尾逐雲吹水汙泥爲陸下田爲稷

易林　三

歸妹　跛踦相隨日暮牛罷陵遲後旅失利亡雌

豐　三人俱行北求大牂長孟病足請季負囊柳下之寶不失驪黃

旅　鳳凰在左麒麟在右仁聖相遇伊呂集聚傷害不至時無殃咎福爲我母（訟之咸）

巽　乗筏渡海雖深不殆曾孫皇祖累累具在

兌　比目四翼來安吾國賫福上堂與我同床（比之離　損之隨）

渙　娶於姜呂駕迎新婦少齊在門夫子悅喜（否之渙）

節　螟虫爲賊害我稼穡盡禾單麥秋無所得

中孚　衣裳顛倒爲王來呼成就東周邦國大休

小過　王孫季子相與爲友明允篤誠升擢慶舉

既濟　踊泉滑滑流行不絶汙爲江海敗毀邑里家無所處聞虎

不懼向我笑喜

未濟　桀戶竊脂啄粟不宜亂政無常使心孔明

大有之第十四

大有　白虎張牙征伐東來朱雀前驅讚道說辭敵人請服銜璧前趨

乾　南山大行困於空桑老沙為石牛馬無糧

坤　蟠枝失岐與母別離絕不相知

屯　譐譐所言莫知我恒懽樂堅固可以長安　乾之困

蒙　李梅零墜心思憒憒懷憂少愧亂我魂氣

需　火雖熾在吾後寇雖多在吾右身安吉不危殆

訟　虎卧山隅鹿過後朐弓矢設張猬為功曹伏不敢起遂至平野得我美草

師　三火起明兩滅其光高位疾顛驕恣誅傷

比　匹君楚馬遇讒無辜久旅離憂

小畜一室百子同公異母以義防患禍災不起

履　商人行旅資所無有貪貝利珠留連王市還旋内顧公子

何咎

泰　禹將爲君北入崑崙稍進揚光登入温湯代舜爲治功德

昭明

否　乾行天德覆幬無極嘔呼烝熟使各自得

同人南國盛茂黍稷醴酒可以享老樂以嘉友

謙　方船備水旁河然火終身無禍

豫　雷行相逐無有休息戰於平陸爲夷所覆

隨　躑躅踟躕拊心搔頭五晝四夜睹我齊侯

蠱 大口宣唇神使伸言黃龍景星出應侯門與福上天天下

臨 安昌（需之萃）

陰衰老極陽建其德離陽載光天下昭明（否之无妄 坤之未濟）

觀 三塗五岳陽城太室神明所伏獨無兵革

噬嗑 年豐歲熟政仁民樂利以居止旅人獲福

賁 楚烏逢天不時久放離居無羣意昧精喪作此哀詩以告

孔憂

剥 出門大步與凶惡忤罵公詈毋爲我憂恥

復 火至井谷陽芒生角犯歷天户闚觀太微登上玉牀家易

六公

無妄 牧羊逢狼雖憂不傷畏怖既息終無禍殃

大畜 蘭栗犧牲敬奉貴神享者飲食受福多孫望季不來孔聖

厄陳乾之旅

頤　大盖治床南歸羖羊長伯爲我多得牛馬利於徙居

大過　枯樹無枝與子分離飢寒莫養獨立哀悲

坎　天地九重堯舜履中正冠垂裳宇宙平康

離　鳧鷖遊涇君子以寧履德不愆福祿來成

咸　羸襢逐狐爲人觀笑牝雞司晨主作亂根

恒　典冊法書藏在蘭臺雖遭亂潰獨不遇災大過坤之大畜

遯　三癡俱狂欲之平鄉迷惑失道不知昏明

大壯　瘻瘤瘍疥爲身瘡害疾病癃瘌常不屬逮

晉　三豕俱走鬬於虎口白豕不勝死於坂下

明夷　賴先之光受德之佑雖遭顛沛獨不凶咎

家人　上義崇德以建大福明哲且聰周武立功

睽　四亂不安東西爲患身止無功不出國城乃得全完賴其生福

蹇　金牙鐵齒西王母子無有患殆滅害道利小畜之大有

解　賀喜從福日利蕃息歡樂有得

損、昊天白日照臨我國萬民康寧咸賴嘉福

益　左眇右盲視闇不明下民多孽君失其常

夬　吾家黍粱積委道傍有囊服箱運到我鄉藏於嘉倉

姤　殊類異路心不相慕牝豭無猳鰥無室家

萃　雀行求食出門見鷂顛蹶上下幾無所處

升　野有積庾穡人駕取不逢虎狼暮歸其宇

困　膚敏之德發憤忘食虎豹禽說爲王求福師之觀虎當作虜

井　光祀春成陳項雞鳴陽明失道不能自守

革　左抱金玉右得熊足常盈不亡獲心所欲

鼎　履泥汙足名困身辱兩仇相得身爲痛瘡

震　安居重遷不去其亶未來相聞樂得常産

艮　天災所遊凶不可居轉徙獲福留止危憂

漸　昧昧墨墨不知白黑景雲亂擾光明隱伏犬戎來攻幽主
失國

歸妹　鳧雁啞啞以水爲宅雌雄相和心志娛樂得其所欲　大畜之鼎

豐　長生無極子孫千億栢柱載器堅固不傾

旅　麒麟鳳凰善政得祥陰陽和調國無災殃

巽　天之奥隅堯舜所居可以存身保我室家

兌　配合相迎利之四鄰昏以爲期與福笑喜

渙　砥德礪材果當成周拜受大命封爲齊侯

節　與福俱坐畜水備火思患豫防終無殃禍

中孚　晨昏潛處候明昭昭卒連白日爲世榮主

小過　視日再光與天相望長生懽悦以福爲多（曰當作日）

既濟　大頭明目載受嘉福三雀飛來與祿相單

未濟　粳生荆山命載輸班袍衣剥脱夏熱冬寒立餓枯槁衆人莫憐

謙之第十五

謙　王喬無病苟頭不痛亡破失履乏我送從

乾　喋囁處曜昧冥相待多言少實終無成事

坤　北辰紫宮衣冠立中含和建德常受大福鈆刀攻玉堅不可得

屯　東壁餘光數暗不明主母嫉妬亂我事業

蒙　下背其上盜明相讓嬰子兩頭陳破其虛

需　鳳生會稽稍巨能飛翺翔往來爲衆鳥雄

訟　鑿井求玉非卞氏寶名困身辱勞無所得　一作師卦

師　邦桀載役道至東萊百僚具舉君王嘉喜　一作訟卦

比　安息康居異國同廬非吾邦域使伯憂惑

小畜　江河淮海天之都市商人受福國家富有

履　同本異葉樂仁上德東鄰慕義來興吾國

泰　白鶴銜珠夜食爲明懷我德音身受光榮

否　踐履危難脱厄去患入福喜門見吾邦君

同人　宮商既和聲音相隨驪駒在門主君以歡

大有　天地配享六位光明陰陽順序以成厥功

豫　江河淮海天之奥府衆利所聚可以饒有樂我君子　否之坤

隨　雙鳥俱飛欲歸稻池經涉藿澤爲矢所射傷我胷臆屯之旅比之晉

蠱　留仲叔季日暮寢寐贏卧失限虐我具囊銜却道傍

臨　受終文祖承衰復起以義自閉雖苦無咎

觀　据斗運樞順天無憂與天並居益之節

噬嗑　周師伐紂戰於牧野甲子平旦天下悅喜

賁　十雌百雛常與母俱抱雞摶虎誰敢害諸

剥　紩跖並處人民愁苦擁兵荷粮戰於齊魯

復　南山昊天刺政閔身疾悲無辜背憎爲仇

無妄　百川朝海流行不止道雖遼遠無不到者

大畜　目不可合憂來摇足悚惕爲懼去我邦域

頤　鳥升鵠舉照臨東海龍降庭堅爲陶叔後封於英六履祿

綏厚

大過　北方多棗橘柚所聚荷囊載黍盈我筐筥

坎　懸狟素餐食非其任失望遠民實勞我心

離　羔羊皮革君子朝服輔政扶德以合萬國

咸　齊魯爭言戰於龍門搆怨致禍三歲不安（坤之離同人之睽比之蠱）

恒　久陰霖雨塗行泥潦商人休止市無所有

遯　桃雀竊脂巢於小枝搖動不安爲風所吹寒心慄慄常憂

殆危

大壯　防患備災凶惡不來雖困無憂未獲安休

晉　引順絕粮與母異門不見所懽孰與共言

明夷　鰌鰕去海藏於枯里街巷褊隘不得自在南北極遠渴餒

成疾

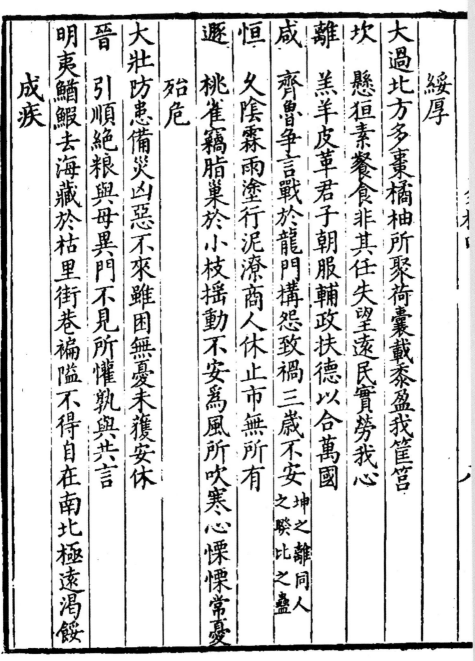

家人　恭寬信敏功加四海辟去不祥喜來從母
睽　歲飢無年虐政害民乾谿驪山秦楚結怨
蹇　右目無瞳偏視寡明十步之外不知何公
解　蜩螗歡喜草木嘉茂百菓蕃熾日益多有
損　常德自如安坐無尤辇入貴鄉到老安榮絕一作無
益　狡兎趯趯良犬逐咋雄雉受害為鷹所獲
夬　春桃生花季女宜家受福多年男為封君
姤　山石朽弊稍崩墜落上下離心君受其祟
萃　水壞我里東流為海龜鼋讙囂不睹我家
升　七竅龍身造易八元法天則地順時施恩富貴長存
困　四夷慕德來興我國文君陟降同受福德
井　華首山頭仙道所遊利以居止長無咎憂

革　鸇鳩徙巢西至平州遭逢雷電闢我葦蘆室家飢寒思吾故初

鼎　狗無前足陰謀叛背爲身害賊

震　陽孤亢極多所恨惑車傾蓋亡身常驚惶乃得其願雌雄相從乾之屯

艮　空槽注猪豚彘不到張弓祝雞雄父飛去

漸　長夜短日陰爲陽賊萬物空枯藏於北陸

歸妹　爪牙之士怨毒祈父轉憂與已傷不及母

豐　拜跪請兎不德皃腐挽眉銜指低頭北去

旅　有莘季女爲夏妃后貴夫壽子母字四海

巽　季姜踟躕待孟城隅終日至暮不見齊侯

兌　邯鄲反言父兄生患涉叔援組一死不還

渙　逐鹿山巓利去我西維邪南北利無不得

節　穿鼻繫株爲虎所拘王母祝福禍不成災突然自來

中孚虎豹熊羆遊戲山谷君子仁賢皆得所欲

小過梅李冬實國多賊盜擾亂並作王不能制

既濟望幸不到文章未就王子逐兎犬踦不得

未濟千柱百梁終不傾僵仁智輔聖周宗寧康

豫之第十六

豫　氷將泮散鳴鴈嗈嗈丁男長女可以會同生育聖人

乾　龍馬上山絶無水泉喉燋脣乾口不能言

坤　蔡侯朝楚留連江濱踰時歷月思其后君

屯　文厄羑里湯拘夏臺仁聖不害數困何憂免於縲索爲世雄侯

蒙 典冊法書藏在蘭臺雖遭亂潰獨不遇災

需 氈裘羶國文禮不飭跨馬控弦伐我都邑

訟 星隕如雨弓弱無輔強陽制陰不得安土

師 蝗齧我稻驅不可去實穗無有但見空藁

比 虎飢欲食爲蝟而伏禹導龍門辟咎除患元醜以安

小畜 蝙蝠夜藏不敢晝行酒爲酸漿魴皃飽羹

履 精華墮落形體醜惡齟齬挫頓枯槁腐蠹

泰 兩足不獲難以遠行疾步不能後旅失時

否 令妻壽母宜家無咎君子之歡得以長久

同人 蠶飢作室昬多亂纏緒不可得

大有 子鉏執麟春秋作元陰聖將終尼父悲心

謙 螟虫爲賊害我稼穡禾殫麥盡秋無所得

隨　憂在腹内山崩爲疾禍起蕭墻竟制其國

蠱　茹芝餌黃飲食玉瑛與神流通長無憂凶

臨　一夫兩心拔刺不深所爲無功求事不成

觀　十里望烟散渙四方形容滅亡終不見君

噬嗑　張弓廓弩經涉山道雖有伏虎誰敢害諸

賁　泉閉澤竭王母飢渴君子困窮乃徐有説

剝　野鳶山鵲奕棊六博三梟四散主人勝客

復　羊驚馬走上下揮擾鼓音不絕頃公奔敗

無妄　黃帝神明八子聖聰俱受大福天下康平

大畜　住車醊酒疾風暴起泛亂福器飛揚位草明神降祿道無害寇

頤　滕虵乘龍宋鄭飢凶民食草蓬

大過楊水潛鑿使石潔白裏素表朱遨遊皐澤得君所願心志娛樂

坎　西過虎廬驚其前樞雖憂無尤

離　衣成無袖不知所穿客指東西未得便安

咸　晨風文翰隨時就温雄雌相和不憂危殆

恒　心多恨悔出言爲怪梟鳴于北聲醜可惡請謁不得

遯　離女去夫閔思苦憂齊子無良使我心愁

大壯過時不歸雌雄苦悲徘徊外國與叔分離

晉　鵲巢柳樹鳩集其處任力薄德天命不佑

明夷鶴盜我珠逃於東都懷怒追求郭氏之墟不見蹤跡使伯心憂

家人夫婦相背和氣弗處陰陽俱否莊姜無子

睽　月走日步逃不同舍夫妻反目主君失位

蹇　雜陽嫁女善逐人走三寡失夫婦妬無子

解　周德既成杼軸不傾太宰東西夏國康寧

損　日中爲市交易資寶各利所有心悅以喜

益　童妾獨宿長女未室利無所得

夬　忠言輔成王政不傾公劉兆基文武綏之

姤　牛驥同堂郭氏以亡國破爲虛主君奔逃

萃　中原有菽以待雉食飲御諸友所求大得

升　多虛少實語不可覆尊虛無酒飛言如雨

困　青蠅集藩君子信讒害賢傷忠患生婦人

井　履株覆輿馬驚傷車步爲我憂

革　商風召寇呼我北盜間諜内應與我爭鬬殫已寶藏主人

不勝

鼎　逸豫好遊不安其家惑於少姬久迷不來

震　吾有驊騮畜之以時東家翁孺來請我車價極可與後無賊悔

艮　阨窮上通與堯相逢登升大麓國無凶人

漸　衆兎俱走熊羆在後蹄不能進失信寡處

歸妹　旁行不遠三思復返心多畏惡中日止舍

豐　倉唐奉使中山以孝文侯悅喜擊子徵召

旅　入天門守地戶居安樂不勞苦一説文山蹲鴟肥腯多脂王孫獲願載福巍巍

巽　登堦上堂見吾父兄左酒右漿與福相迎

兌　秋蚍向穴不失其節夫人姜氏自齊復入

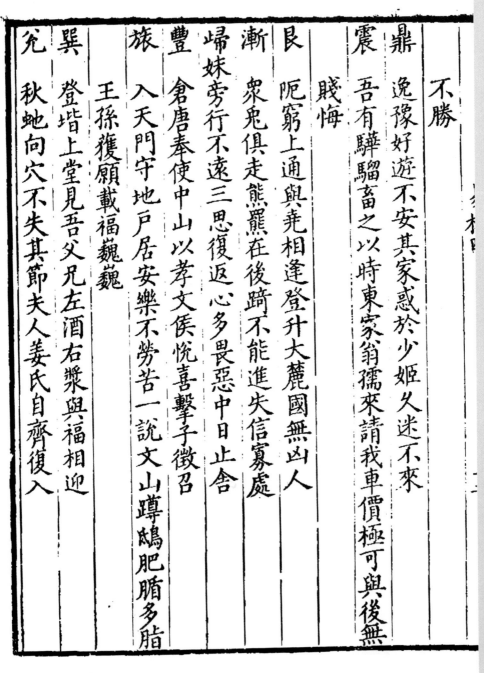

渙　忍醜少羞無面有頭滅耗寡虛日以削銷

節　景星照堂麟鳳遊翔仁施大行頌聲以興

中孚竿旄旌旗執幟在郊雖有寶珠無路致之師之隨履之解

小過李華再實鴻卵降集仁德以興陰國受福小畜之離比之訟

既濟白馬赤烏戰於東都天輔有德敗悔爲憂

未濟採薪得麟大命隕顛豪雄爭名天下四分屯之坤

焦氏易林卷第四

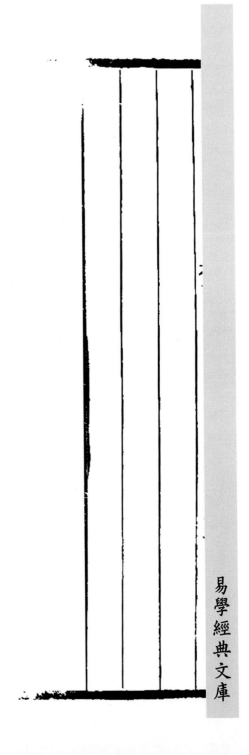

焦氏易林卷第五

隨之第十七

隨 烏鳴東西迎其羣侶不得自專空返獨還

乾 鼻目易處不知香臭君迷於事失其寵位

坤 唐虞相輔烏獸喜舞安樂無事國家富有

屯 左輔右弼金玉滿櫝常盈不亡富如敖倉 師之歸妹

蒙 蒼龍單獨與石相觸摧折兩角 蒙之坤

需 鈞目齩部善逐人走來嫁無夫不安其廬

訟 逐虎驅狼避者不祥凶惡比行與喜相逢

師 賁貝贖狸不聽我辭繫於虎鬚牽不得來 需之睽同人之否否之革

比 同載共輿中道别去喪我元夫獨與孤居 比之革

小畜 奮翅鼓翼異將之嘉國愆期失時反得所欲

遺

士禮居藏

履　目傾心惑夏姬在側申公顛倒巫臣亂國
泰　搏鳩彈鵲逐兎山北九盡日暮失獲無得
否　鹿求其子虎廬之里唐伯李耳貪不我許
同人敗魚鮑室臭不可息上山履塗埽傷我足
大有華燈百枝消衰暗微精光訖盡奄有灰靡
謙　顔叔子夏遨遊仁宇溫良受福不失其所
豫　梁柱堅固子孫蕃盛福喜盈積終無禍悔
蠱　邊鄙不聳民狎其野穡人成功年歲大有
臨　虵牛鳴呴呼求水潦雲雨大會流成河海
觀　志合意同姬姜相從嘉耦在門夫子悅喜
噬嗑白馬駮騮更生不休富有商人利得如丘
賁　大姒夏禹經啓九道各有攸家民得安所

剥　甲戊己庚隨時轉行不失其心得且安寧

復　穆違百里使孟厲武將帥襲戰敗於殽口

無妄茅茹本居與類相扶顧慕羣旅不離其巢

大畜伯仲叔季日暮寢寐坐卧失明喪其貝囊

頤　亡羊捕牢張氏失牛騂駟奔走鵠盜我魚

大過雀目燕頷畏昏無光思我狡童不見子充

坎　入暗出明動作有光運轉休息常樂允康

離　不勝私情以利自嬰北室出孤毀其良家

咸　稱幸上靈媚悦於神受福重重子孫蕃功

恒　齊姜叔子天文在位實沉參墟封爲康侯

遯　遨遊無患出入安全長受其懽君子萬年

大壯被服文德升入大麓四門雍肅登受大福

晉　負金懷玉南歸嘉國蜂蠆不螫利入我室蠆音邁螫音釋

明夷日在阜顛鄉昧爲昏小人成羣君子傷倫

家人水父海母先來鳴呴澤皐之土從高而處

睽　東隣少女爲王長婦柔順利貞宜夫壽子

蹇　戴餅望天不見星辰願小失大福逃於外願當作顧

解　王喬不病狗頭不痛三尸失履乏我逆從

損　使燕築室身無庇宿家不容車徹我衣服

益　威權分離烏夜徘徊爭蔽月光大人誅傷家人之无妄

夬　辯變白黑巧言亂國大人失福君子迷惑

姤　依踞甲鎧敝筐受貝大人不顧少婦不取弃捐於道

萃　燕雀銜茀以生孚乳兄弟六人姣好悌孝得心歡欣和悅

相樂小畜之兌

升　登几上輿駕駟南遊合從散衡燕秦以僵

困　贖贖許許仇偶相得氷入炭室消亡不息許許當作許許

井　鴟鴞破斧邦人危殆賴其忠德轉禍爲福傾亡復立

革　載金販狗利弃我走藏匿淵渠悔折爲咎

鼎　泉坑復平宇室安寧憂患解除賴福長生

震　驪姬讒嬉與二孽謀譖啄恭子賊害忠孝駕出嘉門商伯有喜

艮　刺羊不當血少無羹女執空筐不得採桑

漸　牧羊稻園聞虎喧嚾畏懼悚息終無禍患

歸妹　明德隱伏麟鳳遠匿周室傾側不知所息

豐　隣不我顧而求玉女身多禿癩誰肯媚者

旅　初雖無輿後得戰車賴幸逢福不懼兵革

巽　水壞我里東流爲海龜鼂讙囂不睹王母

兌　兩心不同或欲西東明論終始莫適所從

渙　天帝懸車廢禮不朝禳福不制失其寵家

節　交川合浦遠濕難處水土不同思吾皇祖

中孚勾踐之危棲於會稽太宰機言越國復存

小過慈烏鳴鳩執一無尤寢門内治君子悅喜隨之大壯

既濟當年早寡獨立孤居雞鳴犬吠無敢問諸我生不遇獨離

寒苦

未濟江河變服淫湎無側高位顛崩寵祿反覆

蠱之第十八

蠱　魴生江淮一轉爲百周流天下無有難惡

乾　首澤與目載受福慶我有好爵與汝相迎

坤　輷輷轠轠歲莫偏蔽寵名捐弃君衰在位

屯　折若蔽日蘭屏王目司馬無良平子沒傷

蒙　家在海隅撓繞深流王孫單行無妄以趍

需　執義秉德不危不殆延頸盤桓安其室檀屯耗未得終無大恤

訟　長舌亂家大斧破車陽陰不得姬姜衰憂

師　二人異路東趍西步千里之外不相知處

比　視暗不見雲蔽日光不見子都鄭人心傷

小畜　初憂後喜與福為市八佾列陳飲御嘉友

履　童妾獨宿長女未室利無所得

泰　玄黃四塞陰雌伏謀呼我墻屋為巫所識

否　中復摧頹常恐衰微老復賴慶五穀為相

同人伯氏殺羊行悖天時亳社夷燒朝歌丘墟

大有日短夜長禄命分張早離父兄免見憂傷

謙采唐沬鄉期于桑中失期不會憂思約帶

豫昧視無光夜不見明冥抵空床季葉逃亡

隨舉趾振翼異南至嘉國見我伯姊與惠相得

臨則天順時周流其墟與樂並居元有咎憂

觀蠆室蜂戶螫我手足不可進取爲吾害咎

噬嗑公孫駕驪載遊東齊延陵悅産遺季紵衣

賁轉作驪山大失人心劉季發怒禽滅子嬰

剥羊腸九縈相推稍前止須王孫乃能上天

復螮蝀充側佞人傾惑女謁横行正道壅塞

無妄福禄不遂家多怪祟麋鹿悲啼思其大雄

大畜　雲雷因積大雨重疊久不見日使心悒悒

頤　三河俱合水怒踊躍壞我王室民困無食

大過　旦雨夜行早遍辟城更相覆傾終無所成

坎　褒后生蚍毒老盲徹側跌哀公酉滅黄離

離　鴻雁南飛隨時休息轉逐天和千歳不衰

咸　後時失利不得所欲莫亨偕結自逐自逐

恒　心多恨悔出言爲怪梟鳴室北醜聲可惡請謁不得

遯　四馬過隙時難再得尼父孔聖繫而不食

大壯　陰變爲陽女化爲男治道得通君臣相承

　悦喜

晉　崑崙源口流行不止龍門砥柱民不安處毋歸孩子黄麑

明夷　葛藟蒙棘華不得實讒佞亂政使恩壅塞

家人公無長驅大王駿馬非其當所傷折爲害

睽　大倉充盈庶民蕃盛年歲熟榮

蹇　執貫熠爔爲風所吹火滅無光不見玄黄

解　鳥反故巢歸其室家心平意正與叔相和登高殞墜失其寵貴

損　弩弛弓藏良犬不行内無怨女征夫在堂

益　特爔孔博日新其德文公燎獵姜氏受福

夬　季秋孟冬寒露霜降大陰在庭品物不生雞犬夜鳴家擾數驚

姤　心多恨悔出門見怪有虵三足醜聲可惡嫫毋爲媒請求不得

萃　虎豹争强道閉不通小人讙訟貧夫受空

升 雞方啄粟爲狐所逐走不得食惶懼惕息

困 陳嬀敬仲兆興齊姜乃適營丘八世大昌

井 昊天白日照臨我國萬民康寧咸賴嘉福

革 雲夢大藪嘉有所在虞人共職驪駒樂喜

鼎 獐鹿雉兎羣聚東國俱往逐追九齕十得主君有喜

震 德惠孔明雖衰復章保其室堂

艮 天之所壞不可強支衆口嘈嘈雖貴必危

漸 天之奧隅堯舜所居可以全身保我邦家

歸妹 下泉苞稂十年無王荀伯遇時憂念周京

豐 江河海隅衆利聚居可以遨遊卒歲無憂

旅 南山黃竹三身六目出入制命東皇宣政主尊君安鄭國無患

巽　重驛置之來除我憂與喜俱居同其福休

兌　南山高崗麟鳳室堂含和履中國無災殃

渙　紫芝朱草與仙爲侶公尸侑食福祿來下

節　宮成室就進樂相舞英俊在堂福祿光明

中孚　商人子孫資無所有貪狼逐狐留連都市還轅內鄉嘉喜

何咎

小過　執贄入朝獻其狐裘元戎燮安沙漠以懽

既濟　湧泉汨汨南流不絕壞敗邑里家無所處

未濟　固陰冱寒常冰不溫凌人情怠大雹爲灾

臨之第十九

臨　弱水之上有西王母生不知老與天相保行者危怠利居

善喜

乾　黃獹生馬白戊為母晉師在郊虞公出走

坤　倉唐奉使中山以孝文侯悅喜擊子徵召

屯　機關不便不能出言精誠不通為人所冤

蒙　白茅醴酒靈巫拜禱神嗜飲食使君壽考

需　重瞳四乳耳聰目明普為仁表聖作元輔

訟　水長無船破城壞堤大夫從役困于泥塗一朝喪殞不見少妻

師　二人俱行各遺其囊鴻鵠失珠無以為明

比　隨時轉行不失其常咸樂厥類身無咎殃

小畜蔡女蕩舟為國患憂褒后在側屏蔽王目搔擾六國

履　駕龍騎虎周遍天下為人所使西見王母不憂不殆

泰　負怨之吳畫策闔閭鞭平服荆除大咎殃威震敵國還受

臨

上卿

否 唐邑之墟晉人之居虞叔受福寔沈是國世載其樂

同人 管鮑相知至德不離三言相桓齊國以安

大有 三十無室長女獨宿心勞未得憂在胸臆

謙 散渙水長風吹我鄉火滅無光墮敗桓公

豫 飛蛸蠕動各有配偶小大相保咸得其所

隨 安樂几筵未出王門

蠱 火生月窟上下恩塞觝亂我國

觀 長生無極子孫千億栢柱載青堅固不傾

噬嗑 欽敬昊天厤象星辰宣授民時陰陽和調

賁 三河俱合水怒踴躍壞我王屋民困於食

剥 壽如松喬與日月俱常安康樂不見禍憂

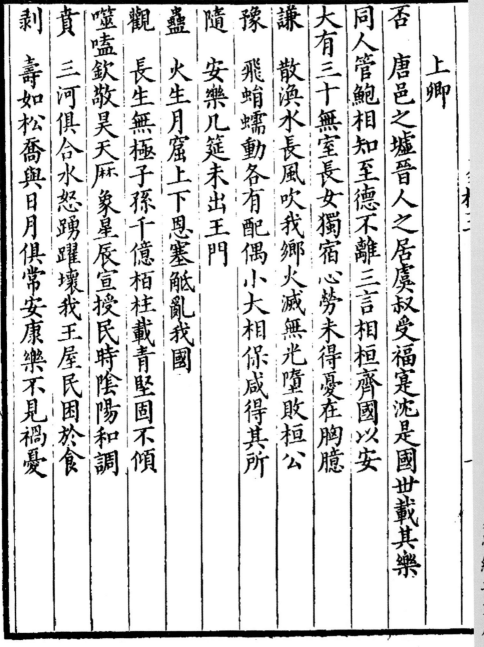

復　天之所予福祿常在不憂危殆
無妄受讖六符招揺空虛雖跌無憂保我全財
大畜賫金買車失道後時勞罷爲憂我心則休
頤　華首山頭仙道所遊利以居止長無憂咎
大過采唐沬鄉要期桑中失信不會憂思約帶
坎　八面九口長舌爲斧斲破瑚璉殷商絶後
離　臨溪蟠枝雖恐不危樂以笑歌
咸　泱泱沸溢水泉爲害使我無頼
恒　蝗螟爲賊傷害稼穡愁飢於年農夫鮮食
遯　八百諸侯不期同時慕西文德與我宗族家門雍雍
大壯長男少女相向笑語來歡致福和悅樂喜
晉　平國不君夏氏作亂烏號竊發靈公殞命

明夷春多膏澤夏潤優渥稼穡熟成畝獲百斛

家人客宿卧寒席蓐不安行危爲害留止得歡

睽　乘桴於海雖懼不殆母載其子終焉何咎

蹇　手拙不便不能伐檀車無軸輹行者苦難

解　唐虞相輔鳥獸喜舞民安無事國家富有

損　秋蛇向穴不失其節夫人姜氏自齊復入

益　病篤難醫和不能治命終斯訖下即蒿廬

夬　青蛉如雲城邑閑門國君衛守民困於患

姤　牙孽生齒室堂啓户幽人利貞鼓翼起舞

萃　梟游江海没行千里以爲死亡復見空桑長生樂鄉

升　黄帝出遊駕龍乘馬東上太山南遊齊魯邦國咸喜

困　履危不止與鬼相視驚恐失氣如騎虎尾

井　秋南春北不失消息涉和履中時無隱慝

革　龍門砥柱通利水道百川順流民安其居

鼎　千歲廟堂棟橈傾僵天厭周德失其寵光

震　折若蔽目不見稚叔三足孤烏遠離室家

艮　望叔山北陵隔我目不見所得使我憂惑

漸　匏瓠之恩一畝千室萬國都邑北門有福

歸妹　域域牧牧憂禍相半隔以巖山室家分散

豐　騏驎騄耳遊食萍草逍遥石門循山上下不失其所

旅　天所祚昌文以爲良篤生武王姬受其福

巽　羊腸九縈相推稍前止須王孫乃能上天

兌　貧鬼守門日破我盆孤牝不駒雞不成雛

渙　飽食從容出門上堂不失其常家無凶殃

節、陰淫不止白馬爲㳽阜澤之子就高而處
中孚執戈俱立以備暴急千人守門因以盐甲終安何畏
小過夾河爲婚水長無船遥心失望不見歡君
既濟陰陽變化各得其宜上下順通奏爲膚功
未濟任劣德薄失其臣妾田不見禽犬無所齰
觀之第二十
觀　歷山之下虞舜所處躬耕致孝名聞四海爲堯所薦纘位天子
乾　蜎飛蠕動各有所配歡悦相逢咸得其處
坤　繼祀宗邑追明成康光照萬國享世久長疾病不醫下即蒿廬
屯　秋冬探巢不得鵲雛銜指北去媿我少姬

蒙　童妾獨宿長女未室利無所得

需　鴻波逆流主人潛去蒿蓬代柱大屋顛仆

訟　日闇不明譊夫在堂左辟疾痒君失其光

師　王孫季子相與孝友明允篤誠升擢薦舉爲國幹輔

比　麟趾龍身日取三千南上蒼梧與福爲昏道里夷易安全無患

小畜　三子成駒破其堅車輪載空輿後時失期

履　逐禍除患道德神仙過惡萬里常歡以安

泰　黃池之盟吳晉爭強勾踐爲患夷國不安

否　青牛白咽呼我俱田歷山之下可以多耕歲露時節人民安寧（呼我句一作招我于田）

同人　有頭無目不見菽粟消耗爲疾三年不復

觀

大有　山没丘浮陸爲水魚燕雀無巢民無室廬

謙　高崗鳳凰朝陽梧桐噰噰喈喈菶菶萋萋陳辭不多以告孔嘉

豫　鰥寡獨宿憂動胸臆莫與宿食

隨　馬蹪破車惡婦破家青蠅汙白共子離居

蠱　長女三嫁進退不羞逐狐作妖行者離憂

臨　人無定法緩除才出地雄走歸陽不制陰男失其家

噬嗑　茹芝餌黃飲食玉英與神流通長無憂凶

賁　東行無門西出華山道塞畏難遊子爲患

剥　壽如松喬與日月俱常安康樂不罹禍憂

復　探鷇得雛所願不喜道宜小人君子咎蹇

無妄　蝸螺生子深目黑醜雖飾相就衆人莫取

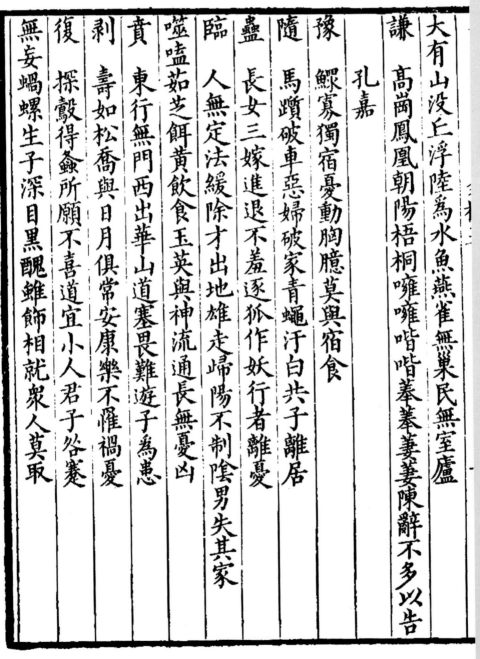

大畜喜怒不時雪霜爲災稼穡無功后稷飢憂
順　烏升鵲舉照流東海厖降庭堅爲陶叔後封圻蓼六履祿
綏厚
大過黄離白日照我四國元首昭明民賴其福
坎　黍稷醇醲敬奉山宗神嗜飲食甘雨嘉降獨蒙福力時災
不至
離　福過我里入門笑喜與吾利市
咸　晝卧里門悚惕不安日不得鬩鬼擾我足
恒　春草榮華長女宜夫受福多年世有封祿
遯　雍門内崩賊賢傷人暴亂狂悖簡公失位
大壯心志無良昌披妄行觸抵墻壁不見户房
晉　膠車木馬不利遠賈出門爲患安止得全

明夷家在海隅橈短流深企立望宋無木以趨

家人冬葉枯槁當風於道蒙被塵埃左右勞苦

睽 過時不行妄逐王公老女失度不安其居

蹇 履泥汚足名困身辱兩仇相當身爲疾病

解 精華墮落形體醜惡齬齟挫頓枯槁腐蠹

損 長生無極子孫千億栢柱載青堅固不傾

益 去辛就蓼毒愈酷毒避穽入坑憂患日生

夬 行堯欽德養賢致福衆英積聚國無寇賊

姤 狗逐兎走俱入谷口與虎逢晤迫不得去

萃 望尚阿衡太宰周公藩屏湯武立爲侯王

升 清人高子久屯野外逍遥不帰思我慈母

困 三虫作蠱削跡無與勝毋盜泉君不安處

井　驢作龍身進所無前三日五夜得其所欲

革　黃裏綠衣君服不宜淫湎毀常失其寵光

鼎　天所願祐禍災不至安吉不懼

震　盤紆九迴行道留難止須子亡乃睹所歡

艮　暴虐失國為下所逐北奔陰月王居旄頭

漸　御騂從龍至于華東與離相逢送致于邦

歸妹　銅人鐵距雨露勞苦終日卒歲無有休息

豐　大人失宜盈滿復虧長冬之木盛者滅衰

旅　梅李冬實國多盜賊亂擾並作王不能制

巽　澤枯無魚山童無株長女嫉妬使身空虛

兌　天門東虛既盡為災臨睽黷蒼秦伯受殃

渙　褰衣涉河水深漬衣賴幸舟子濟脫無他

節　推車上山高仰重難終日至暮惟見阜顛

中孚鼎易其耳熱不可舉大路壅塞旅人心苦

小過四亂不安東西爲患退身止足無出邦域乃得完全賴其生福

既濟班馬還師以息勞罷役夫嘉喜入户見妻

未濟積德不怠遇主逢時載喜渭陽身受榮光

焦氏易林卷第五

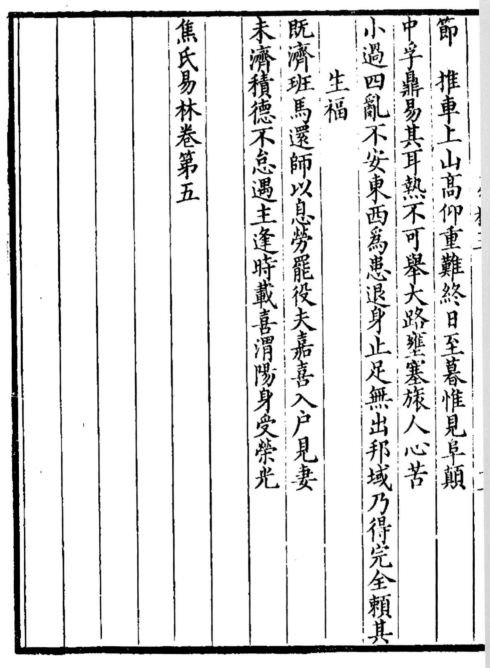

焦氏易林卷第六

噬嗑之第二十一

噬嗑　麒麟鳳凰善政德祥陰陽和調國無災殃

乾　北風相牽提笑語言伯歌叔舞讌樂以喜

坤　甲戊己庚隨時運行不失常節達性任情各樂其類

屯　破亡之虛神祇哀憂進往無光留止有慶

蒙　注斯肯澤扞衛百毒防以江南殈不能螫

需　日月相望光輝盛昌三聖茂功仁德大隆

訟　大蛇巨魚戰於國郊上下隔塞衛侯廬曹

師　龍入天關經歷九山登高上下道里險難日晏不食絕無

甘酸

比　沙漠北塞絕無水泉君子征凶役夫苦艱

小畜　關折門啓衿帶解墮福與善坐憂不爲禍

履　狼虎所嗥患害必遭不利有爲宜以遁逃

泰　金精耀怒帶劒過午兩虎相距弓弩滿野雖憂無苦

否　朽根枯樹葉落花去卒逢火焱相隨偃仆

同人　入和出明動作有光轉運休息常樂永康

大有　國多忌諱大人恒畏結口無患可以長存

謙　天地淳厚六合光明陰陽順序以成厥功

豫　羸裎逐狐爲人觀笑牝雞雄晨主作亂妖

隨　陰升陽伏禁失其室相餧不食

蠱　蛸飛蠢動各有配偶小大相保咸得其所　臨之豫

臨　鬼守我廬欲呼伯去曾孫壽考司命不許與生相保

觀　禍走患伏喜爲我福凶惡消亡災害不作

賁　智不別揚張狂妄行蹈淵仆顛傷殺伯身

剥　凶憂災殃日益章明禍不可休三郤夷傷

復　長尾蜲蛇畫地爲河深不可涉阻絕以無惆然憤息

無妄　愛我嬰女牽引不與冀幸高貴反得賤下

大畜　鳧游江海甘樂其餌既不近人雖驚不駭

頤　明滅光息不能復食精魄既喪以夜爲室

大過　奇適無偶習靖獨處所願不從心思勞苦

坎　葛藟蒙棘華不得實讒佞亂政使忠壅塞

離　鵲笑鳩舞來遺我酒大喜在後授吾龜紐龍喜張口起拜
福祉

咸　搖尾逐災雲沉孼除洿泥生粱下爲田主

恒　白鶴啣珠夜食爲明膏潤優渥國歲年豐

遯　内執柔德止訟以默宗邑賴德禍災不作

大壯犬吠驚駭公拔戈起玄冥猒火消散瓦解

晉　公悅嫗喜孫子俱在榮譽日登福祿來處

明夷鳥鳴捕轂長欲飛去循枝上下適與風遇顛隕樹根命不可救

家人析薪熾酒使媒求婦和合齊宋姜子悅喜

睽　隣不可顧而求玉女身多疾癩誰當媚者

蹇　遠視無明不知青黃黈纊塞耳使君闇聾

解　尅身己整逢禹巡狩賜我玄珪蒙受福祉

損　遠望千里不見黑子離婁之明無益於光

益　斧斤所斫瘡痏不息鍼石不施下即空室

夬　齊侯少子才略美好求我長女賤薄不與反得醜陋後乃

姤　大悔

失儷後旅天門地户不知所在安止無咎

萃　烏孫氏女深目黑醜嗜欲不同過時無偶

升　叔駕純騮南至東萊求索駒馬道悗中止

困　二女寶珠誤鄭大夫君父無禮自爲作笑

井　陽城太室神明所息仁智之居獨無兵革

革　大蛇爲殃使道不通歲露尠少年穀敗傷

鼎　三足孤烏靈明爲御司過罸惡自殘其家毀敗爲憂坎之渙

震　車雖駕兩䩭絶馬欲步雙輪悗行不至道遇害

艮　鬱快不明爲陰所傷衆霧集聚共奪日光

漸　鶉鵠鴟鴞治成禦災周公勤勞綏德安家

歸妹　名成德就項領不試景公耄老尼父逝去

豐　一夫兩心歧刺不深所爲無功求事不成

旅　羿張烏號彀射天狼趙國雄勇敗於滎陽

巽　東家殺牛汚臭腥臊神背西顧命絶衰周

兌　火起吾後喜炙我鹿蒼龍啣水泉噀柱屋雖憂無咎

渙　桃雀竊脂巢於小枝揺動不安爲風所吹寒心慄慄常憂不殆

節　徙足去域飛入東國有所畏避深藏隱匿

中孚　瓊英朱草仁政得道皃鷺在渚福禄來下

小過　陳蔡之危從者飢罷明德上通憂不爲凶

既濟　春桃生花季女宜家受福多年男爲封君

未濟　徑邪賊田政惡傷民夫婦呪詛太上覆顛

賁之第二十二

賁　政不暴虐鳳凰來舍四時順節民安其居

乾　八口九頭長舌破家帝辛沉湎商滅其墟

坤　鬼守我門呼伯入山去其室家舍其兆墓

屯　日出阜東山蔽其明章甫薦履箕子佯狂

蒙　戴盆望天不見星辰顧小失大福逃墻外

需　兩輪並轉南上大阪四馬共轅無有重難與語笑言

訟　羊驚狼虎慄耳羣聚行旅稽難留連愁苦

師　楩生荆山命制輸班袍衣剥脱夏熱冬寒立餓枯槁衆人莫憐

比　鳥飛無翼兎走折足不常其德自爲羞辱

小畜　條風制氣萬物生出明庶長養花葉茂榮

履　坤厚地德庶物蕃息平康正直以綏大福

泰 昴畢附耳将軍求怒徑路隔塞燕雀驚駭

否 東風啓户黔喙翩舞各樂其類咸得生處

同人 兩足四翼飛入家國寧我伯姊與母相得

大有 歲暮花落陽入陰室萬物伏匿藏不可得

謙 釋然遠咎避患害早田獲三狐以貝爲寶

豫 鵲延却縮不見頭目日以困急不能自復

隨 秋隼冬翔數被嚴霜雞犬夜鳴家擾不寧

蠱 班馬還師以息勞罷役夫嘉喜入户見妻

臨 老楊日衰條多枯枝爵級不進 下摧隤

觀 順風吹火牽騎驥尾易爲功力因懼受福

噬嗑 六人俱行各遺其囊黃鶴失珠無以爲明

剝 依叔墻隅志下勞苦楚相辰食韓子低頭

復　三牛生狗以戌爲母荆夷上侵姬伯出走　坤之震需之訟否之姤

無妄　鶴盜我珠逃於東都鵠怒追求郭氏之墟不見蹤跡反爲患災

大畜　升輿中退舉事不遂哺餱毀齒失其道理

頤　鴻鵠高飛鳴求其雌雌來在户雄哺嘻嘻甚獨勞苦炰鱉膾鯉

大過　褰衣涉河水深漬衣幸賴舟子濟脫無他　觀之渙剝之賁

坎　虎齧龍指太山之崖天命不佑不見其雌

離　明不處暗智不履危終日卒歲樂以笑歌

咸　三足俱行傾危善僵六指不使㬎累弟兄樹柱闌車失其正當

恒　舍車而徒亡其駁牛雖喪白頭酒以療憂

遯　析薪熾酒使媒求婦和合齊宋姜子悅喜

大壯　夜視無明不利賈商子反笑歡與市為仇

晉　徒行離車不冒泥塗利以休居

明夷　作室山根人以為安一昔崩顛破我壺飧

家人　山東山西各自言安雖相登望意未同堂

睽　君子在朝凶言去消驚駭逐狼不見英雄

蹇　轗轗墳墳火燒山根不潤我鄰獨不蒙恩

解　南山之蹊真人所在德配唐虞天命為子保佑歆享身受

大慶 復之比 否之豫

損　龍蛇所聚大水來處泱泱需需濙濙磕磕使我無賴

益　旃裘苫蓋慕德獻服邊鄙不聳以安王國

夬　光體春成陳倉雞鳴陽明失道不能自守消亡為咎 大有之井

姤　下泉苞稂十年無王荀伯遇時憂念周京　蠱之歸妹

萃　仁德不暴五精就舍四牧允釐民安其居

升　隨和重寶衆多貪有相如睨柱趙王危殆

困　鳳生五雛長於南郭君子康寧悅樂身榮

井　二人爲侶俱歸北海入門上堂拜謁王母勞賜我酒女功悅喜

革　逐憂去殃涔泥生梁下田爲王

鼎　東門之壇茹藘在坂禮義不行與我心反

震　鳧遇稻廬甘樂趨鮹雖驅不去

艮　清人高子久屯外野逍遥不歸思我君母公子奉請王孫嘉許

漸　讒人所言語不成全虎狼之患不爲我殘

歸妹　張羅捕鳩鳥麗其災雌雄俱得爲罔所賊

豐　安仁尚德東隣慕義來安吾國

旅　猾醜如誠前後相違言如鱉咳語不可知

巽　懷璧越鄉不可遠行蔡侯兩裘久苦流離

兌　伯氏歸國多所恨惑車傾蓋亡身常驚惶乃得其願雌雄相從

渙　火石相得乾無潤澤利少囊縮秪益促迫

節　君知聖哲鳴呼其友鎮德之徒可以禮仕

中孚　騎豚逐羊不見所望經涉虎廬亡羝失羊乾之蹇

小過　女黃瘣隤行者勞罷役夫憔悴處子畏哀

既濟　右手掩目不見長叔失其所得悔吝相仍

未濟　兔冠進賢步出朝門儀體不正賊孽爲患否之兌

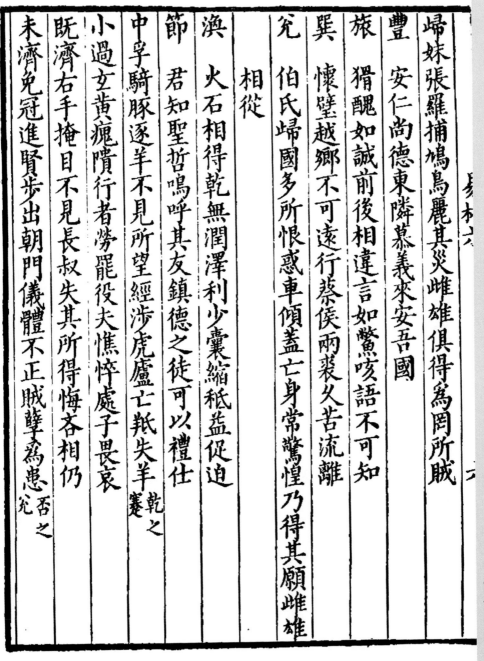

剝之第二十三

剝 行觸大忌與司命牾執囚束縛拘制於吏幽人有喜（中孚之震）

乾 穿胸狗邦僵離旁春天地易紀日月更始（師之謙）

坤 從風縱火荻芝俱死三害集房十子中傷

屯 北山有棗橘柚於聚荷囊載香盈我筐筥

蒙 賁月贖狸不聽我辭繫於虎鬚牽不得來（否之革需之睽震之咸巽之需）

需 上下惟邪戾其元夫歡心閉塞君子離居

訟 二人輦車徙去其家井沸釜鳴不可安居（復之旅）

師 蹇驢不才俊驥失時罷能於沙丘筋力勞盡（履之巽）

比 明傷之初爲穆出交以讒復歸名曰豎牛剝亂叔孫餧於

空丘

小畜 天火大起飛鳥驚駭作事不時自爲身咎

履　土與山連共保歲寒終無災患萬世長安

泰　日出阜東山蔽其明章甫薦屨箕子佯狂 賁之屯

否　龍馬上山絶無水泉喉燋唇乾口不能言 乾之訟

同人　雄處弱水雌在海濱别將持食悲哀於心

大有　庭燎夜明追嗣日光陽軟不制陰雄坐戾

謙　三婦同夫忽不相思志恒悲愁顔色不怡

豫　鶴盜我珠逃於東都鵠怒追求郭氏之墟不見武跡反爲患災 豫之明夷

隨　獮猴冠帶盜載非位衆犬共吠麐走蹶足

蠱　黍稷禾稻垂畝方好中旱不雨傷風病燎

臨　雄聖伏名人匿麟遠走鳳飛北亂禍未息 中孚之損

觀　王母多福天祿所伏居之寵光君子有福

噬嗑　班馬還師以息勞疲役夫忻喜入户見妻觀之既濟　賁之蠱兌

賁　褰裳涉河流深濆衣賴幸舟子濟脱無他觀之涣賁之　大過坤之萃

復　被服文德升入大麓四門雍肅登受大福

无妄　東鄰嫁女爲王妃后莊公築館以尊王母歸于京師季姜悦喜

大畜　百足俱行相輔爲强三聖翼事王室寵光屯之履晋之　坤遯之復

頤　危坐至暮請求不得膏澤不降政戾民忒泰之離需之　頤漸之坎

大過　百川朝海流行不止路雖遼遠無不到者

坎　乘騮駕驪東至于齊遭遇仁友送我以資厚得利歸

離　禮壞樂崩成子傲慢欲求致理力疲心爛陰陽不調成子驕傲爲簡生殃

咸　三人輦車乘入虎家王母貪叨盗我犁牛

恒　羊頭兎足少肉不飽漏囊敗粟利無所得渙之艮

遯　新田宜粟上農得穀君子惟好以紓百福恒之離

大壯夷羿所射發輒有獲雙凫俱得利以伐國

晉　凫舞鼓翼嘉樂堯德虞夏美功要荒賓服

明夷登丘上山對酒道觀終年卒歲優福無患

家人歲暮花落陽入陰室萬物伏匿藏不可得

睽　螟蟲爲賊害我禾穀簞瓶空虚飢無所食

蹇　陽虎脅主使得不通火離爲殃年穀病傷

解　四馬共轅東上泰山騂驤同力無有重難與君笑言渙之豐

損　牧羊稻園聞虎喧嚾懼畏悚息終無禍患隨之漸井之否中孚之小過

益　揚花不時冬實生危憂多横賊生不能服崑崙之玉所求必得

夬　高阜所在陰氣不臨洪水不處爲家利寶

姤　釋然遠咎辟患害早田獲三狐以貝爲寶君子所在安寧不殆

萃　兩目不明日奪無光脛足跛曳不可以行頓於丘旁亡妾莫逐嵬然獨宿

升　鴻飛循陸公出不復伯氏客宿中孚之同人

困　桑芳將落隕其黃葉失勢傾側如無所得一作佩玉云云

井　載船渡海雖深難咎孫子俱在不失其所

革　鵠求魚食道遇射弋繒加我頸繳縛羽翼欲飛不能爲羿所得

鼎　泥面亂頭忍恥少羞日以削消凶其自搯

震　佩玉蘂蕊無以繫之孤悲獨處愁哀相憂一作桑芳云云

艮　巨虵大鰌戰於國郊上下隔塞逐君走逃（巽之臨）

漸　已動死連商子揚沙石流狐狢擾軍鼓振吏士恐落

歸妹　二人俱行別離特食一身五心亂無所得（賁之歸妹）

豐　三聖相輔鳥獸喜舞安樂富有三人偕偶

旅　三奇六耦相隨俱市王孫善賈先得利寶居止不安洪水為咎

巽　三人俱行二人言北伯仲欲南少叔不得中路分爭道鬪相賊（豐之中孚）

兌　播天舞光地乳神所守樂無咎言不信誤

渙　坐爭立訟紛紛匆匆卒成禍亂災及家公（大過之坎）

節　虵行蜿蜒不能上阪履節安居可以無憂

中孚　郤大墻壞蠹衆木折狼虎為政天降罪伐

小過　陽不違德，嵩山多澤，顏子逐兎，未有所得

旣濟　心多畏惡，時愁自懼，雖有小咎，終無大悔

未濟　衆神集聚，相與議語，南國虐亂，百姓愁苦，興師征伐，更立賢主

復之第二十四

復　周師伐紂，尅於牧野，甲子平旦，天下悅喜

乾　任重負力，東征不伏，陷泥履塗，雄師敗覆

坤　義不勝情，以欲自營，覬利危寵，折角摧頸

屯　懸貆素飡，食非其任，失輿剝廬，休坐徙居，室家何憂

蒙　鴟鴞娶婦，深目窈身，折腰不媚，與伯相背

需　東風解凍，河川流通，西門子產，升擢有功

訟　三足俱行，傾危善僵，六指不便，恩累弟兄，樹柱關中，失其

正當賁之咸

師　京庾積倉黍稷以興已極行疾至以饜飽

比　南山之跡真人所遊德配唐虞天命為子保佑歆享身受大慶賁之解

小畜　車馳人趍卷甲相仇齊魯寇戰敗於犬丘坤之兌

履　十五許室柔順有德霜降既嫁文以為合先王日至不利出域

泰　任力劣薄遠托邦國轉車不彊為癰所傷

否　千歲舊室將有困急荷糧負囊出門直北

同人　惡災殆盈日益彰明禍不可救三郤夷傷

大有　冠危戴患身驚不安與福馳逐凶來入門

謙　虎狼並處不可以仕忠謀轉政禍必及已退隱深山身乃

豫 不殆
卵與石鬬麇碎無處挈瓶之使不爲憂懼

隨 五心六意歧道多怪非君本志生我恨悔

蠱 雨雪載塗東行破車旅人無家利益沓嗟

臨 尚刑懷義月出平地國亂天常咎徵滅亡

觀 東行破車步入危家衡門穿射無以爲主賣袍續食糟糠不飽

噬嗑 逐鷰出門并失玉丸往來井上破甑缺盆

賁 孟春醴酒使君壽考南山多福宜行賈市稻粱雌雄所至利喜

剥 持刃操肉對酒不食夫亡從軍少子入獄抱膝獨宿

無妄 蹄牛傷暑不能成畝草萊不墾年歲無有

大畜南邦大國鬼魃滿室讙聲相逐爲我行賊

頤　噂噂所言莫如我恒歡樂堅固可以長安

大過堯舜禹湯四聖敦仁允施德音民安無窮椽人相望未同
　朝卿

坎　桎梏拘獲身入牢獄髡刑受法終不得釋耳閉道塞求事
　不得

離　桀跖並處民困愁苦行旅遲遲留連齊魯

咸　求雞獲雛買鱉失魚出入鈞敵利得無饒齊姜宋子婚姻
　孔嘉

恒　雨師駕駟風伯吹雲秦楚爭強施不得行

遯　仲冬無秋烏鵲飢憂困於米食數驚鸇鵰

大壯三羝上山俱至陰安遂到南陽見其芝香兩崖相望未同

杭床

晉　飛至日南還歸遼東雌雄相從和鳴雍雍解我迴春

明夷　堯飲舜舞禹拜上酒禮樂所豐可以安處保我淑女

家人　太乙置酒樂正起舞萬福攸同可以安處綏我齠齒

睽　白馬驕騮生乳不休富我商人得利饒優

蹇　宛馬疾步盲師坐御目不見路中止不到

解　春桃萌生萬物華榮邦君所居國樂無憂

損　把珠入口蓄爲玉寶得吾所有欣然嘉喜

益　襦袴襦幡繭剝飢寒病瘧凍攣

夬　水沫沉浮沮濕不居爲心疾憂

姤　行如桀紂雖禱不祥命衰絕周文王之祀

萃　蜱蜉戴盆不能上山脚推跛蹶頓傷其顏

升　長子入獄婦饋母哭霜降愈甚鄉晦伏法

困　求犬得兎請新遇故雖不當路踰吾舊舍

井　鳥鳴葭端一呼三顛搖動東西危而不安靈祝禱祉疾病無患

革　天厭禹德命興湯國祓社釁鼓以除民疾

鼎　陰霧作匿不見白日邪徑迷道使君亂惑

震　猿墮高木不踒手足握珠懷玉還歸我室益之豫 蒙之隨

艮　三驪負衡南取芝香秋蘭芬馥盛滿匣匱利我少姜

漸　春生夏乳羽毛成就舉不失宜君臣相好盜走奔北終無有晦

歸妹　東行破車遠反室家天命訖終無所禱凶

豐　九雁列陳雌獨不羣爲罾所牽死於庖人

旅　二人輦車徙去其家井沸釜鳴不可以居

巽　閉塞復通與善相逢甘棠之人解我憂凶

兊　賦斂重數政爲民賊杼軸空虛去其家室

渙　怒非其怨貪垢腐鼠而呼鵲鴟自分失餌致被殃患

節　簪跌帶長幽思窮苦將貌小瘦以病疾降

中孚　三人俱行各別採桑蘊其筐筥留我嘉旅得歸無咎四月來處

小過　逐鳩南飛與喜相隨并獲鹿子多得利歸雖憂不危

既濟　驅羊南行與禍相逢狼驚吾馬虎盜我子悲恨自咎

未濟　東隣西國福喜同樂出得隋珠留獲和玉俱利有喜

焦氏易林卷第六

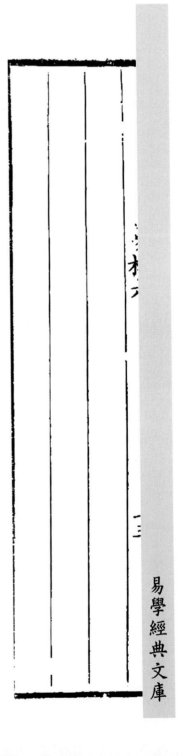

焦氏易林卷第七

無妄之第二十五

無妄夏臺羑里湯文厄處皐陶聽理岐人悅喜西望華夏東歸無咎

乾　僭耳穿胸僵離旁舂天地易紀日月更始蝮螫我手痛爲吾毒

坤　慈母之恩長大無孫消息襁褓害不入門

屯　僞言妄語傳相註誤道左失跡不知鄉處

蒙　鬱怏不明陰積無光日在北陸萬物彫藏

需　王母多福天祿所伏居之寵光君子有昌

訟　不耕而獲家食不給中女無良長子徒足踈齒善市商人有息

師　火起上門不爲我殘跳脫東西獨得生完不利出鄰病疾憂患

比　持刀操肉對酒不食夫亡從軍長子入獄抱膝獨宿復之剥

小畜　鰌鰕去海遊於枯里街巷迫狹不得自在南北四極渴餒成疾

履　啞啞笑喜與歡飲酒長樂行觴千秋起舞拜受大福

泰　登高上山賔于四門吾土得懽福爲我根

否　天厭周德命我南國以禮靜民兵革休息

同人　壅遏隄防水不得行火光盛陽陰蜺伏匿走歸其鄉

大有　海河都市國之奧府商人受福少子玉食

謙　東行避兵南去不祥西逐凶惡北迎福生與喜相逢

豫　東家中女嫫母最醜三十無室媒伯勞苦

隨　破亡之國天所不福難以止息

蠱　驂駕蹇驢日暮失時居者無憂保我樂娛

臨　蝃蝀充側佞幸傾惑女謁横行正道壅塞

觀　三羖五羊相隨俱行迷入空澤循谷直北經涉六駮爲所
傷賊

噬嗑　戴喜抱子與利爲友天之所命不憂危殆荀伯勞苦未來
王母

賁　織縷未就勝折無後女工多能亂我政事

剥　行露之訟貞女不行君子無食使道壅塞

復　弲張烏號彀射天狼鐘鼓不鳴將軍振旅趙國雄勇鬬死
滎陽

大畜　延頸望酒不入我口商人勞苦利得無有夏臺羑里雖危

復喜

順　冠帶南遊與喜相期邀於嘉國拜爲逢時 坎之井

大過　東西觸垣不利出門魚藏深水無以樂賓爵級摧頹光威

滅衰

坎　兩母十子轉息無已五乳百雛騂駮驪駒

離　重黎祖後司馬太史陸氏之災雖害悲苦

咸　内執柔德止訟以默宗邑賴福禍災不作

恒　采唐沫鄉要期桑中失信不會憂思約帶 一作牛驥同堂郭氏以亡國破爲墟君奔走逃巽之乾師之噬嗑

遯　宮成立政衣就鈌袂恭謙爲衛終無禍尤

大壯　麒麟鳳凰子孫盛昌少齊在門利以合婚招衣彈冠貴人

所歡

晉　亂危之國不可涉域機發身頓遂至僵覆

明夷千雀萬鳩與鷂爲仇威挈不敵雖衆無益爲鷹所擊

家人衆神集聚相與議語南國虐亂百姓愁苦興師征討更立

聖主剥之未濟也之節小畜之豫

睽　顔淵閔騫以禮自閑君子所居禍災不存

蹇　三桓子孫世秉國權爵世上卿富於周公

解　鶴鳴九皐處子失時載土販鹽難爲功巧

損　方軸圓輪東行不前組囊以錐失其事便還師振旅兵革

休止二句疑衍文

益　魚擾水濁桀亂我國駕龍出遊東之樂邑天賜我禄與生

爲福

夬　白虎黑狼伏司亦長遮遏牛羊病我商人

姤 履危不安跌頓我顏傷踵爲瘢

萃 三人輦車乘入旁家王母貪叨盜我資財亡失犁牛

升 三雁南飛俱就井地鰕鰌饒有利得過倍

困 鷹栖茂樹猴雀往來一擊獲兩伏不枝梧

井 堯舜欽明禹稷股肱伊尹往來進禮登堂顯德之徒可以輔王

革 枯旱三年草葉不生粢盛空乏無以供靈

鼎 口方緩唇爲和樞門解釋鉤帶商旅以歡

震 鳧鷺池水高陸爲海江河橫流魚鱉成市千里無墻鷙鳳游行

艮 烹魚失刀駕馬車亡鉛刀不及魴鯉腥臊

漸 戎狄蹲踞無禮貪叨非吾族類君子攸去

歸妹 渡河踰水濡涔其尾不爲禍憂捕魚遇蟹利得無幾
豐 河水小魚不宜勞煩苛政苦民君受其患
旅 偃武修文兵革休安清人逍遙未歸空閑
巽 九疑鬱林沮濕不中鸞鳥所去君子不安
兌 持猬逢虎患厭不起遂至懽國與福笑語君王樂喜
渙 狗生龍馬公勞嫗苦家無善駒折悔爲吝
節 嬰孩求乳慈母歸子黃麑悅喜得其甘餌
動搖
中孚 有兩赤鷂從五隼噪操矢無括趣釋爾財扶伏聽命不敢
小過 伊尹智士去桀耕野執順以強文和無咎
既濟 逐鹿西山利入我門陰陽和調國無災殃長子東遊須其
三仇（二句疑衍文）

未濟龍興之德周武受福長女宜家與君相保長股遠行狸且

善藏

大畜之第二十六

大畜朝鮮之地箕伯所保宜人宜家業處子孫求事大喜

乾　金柱鐵關堅固衛災君子居之安無憂危

坤　轉禍爲福喜來入屋春成夏囤可以飲食保全家室

屯　水暴橫行緣屋壞墻泱泱溢溢市師驚惶居止不殆與母

相保

蒙　虎豹熊羆遊戲山隅得其所欲君子無憂旅人失利市空

無人

需　躬體履仁尚德止訟宗邑以安三百無患

訟　江淮易服玄黃朱飾靈公夏徵哀相無極高位崩顛失其

寵室

師　不虞之患禍至無門奄忽暴卒痛傷我心蒙之明夷

比　三塗五岳去危入室凶禍不作桀盜堯服失其寵福貴人有疾

小畜　配合相迎利心四鄉昏以為期明星熠熠欣喜君輿所言得當

履　三手六身莫適所閑更相搖動失事便安箕子佯狂國乃不昌

泰　虎臥山隅鹿過後胸弓矢設張會為功曹伏不敢起遂全其軀得我美草大有之訟

否　麟鳳執獲陰雄失職自衛反魯猥昧不起祿福訖已

同人　欒子作殃伯氏誅傷州犁奔楚失其寵光

大有　黃帝出遊駕龍騎馬東至太山南過齊魯王良御左文武
何咎不利市賈

謙　齊魯爭言戰於龍門遘怨致禍三世不安

豫　道禮和德仁不相賊君子往之樂有其利

隨　嫗姤公姥毀盐亂頼使我家憒利得不遂

蠱　一巢九子同公共母柔順利貞出入不殆福祿所在

臨　雀鼉北岳天神貴客溫仁正直主布恩德閔哀不已蒙受
大福

觀　三雎逐蠅陷墮釜中灌沸弃殪與母長决

噬嗑　東山西陵高峻難升滅夷掘壘使道不通商旅無功復反
其邦

賁　常得自如不逢禍災福祿自來

剥　范子妙材戮辱傷膚然後相國封爲應侯

復　狼虎結集相聚爲保伺囓牛羊道絶不通病我商人

無妄不直杜公與我爭訟媒伯無禮自令塞壅

頤　上天樓臺登降受福喜慶自來

大過三羊上山東至平原黄龍服箱南至魯陽貌其佩囊執綏

車中行人無功

坎　天地閉塞仁智隱伏商旅不行利深難得

離　延陵適魯觀樂太史車轔白顛知秦興起卒兼其國一統

爲主

咸　櫜戢甲兵歸放馬牛徑路開通國無凶憂朽墻不壂疾病

難治

恒　牛驥同堂郭氏以亡國破爲墟君奔走逃

遯　大尾小腰重不可搖棟橈榱壞臣爲君憂陽大之言消不
爲患使我復安
大壯太一置酒樂正起舞萬福攸同可以安處綏我齯齒指空
無餌不利爲旅
晉　飲酒醉酗跳起争鬬伯傷叔僵東家治喪
右足
明夷山險難登澗中多石車馳轊擊重載傷軸載擔善躓跌踒
家人争訟不已更相咨詢張事弱口被髮北走耳順從心躬行
至仁不須以兵天下太平
睽　心志無良傷破妄行觸墻觝壁不見户房先王閉關商旅
委弃
蹇　寧夬鴟鴞治成御災綏德安家周公勤勞

解　清人高子久在外野逍遥不帰思我慈母

損　兩虎爭鬬服劗無處不成仇讎行解卻去

益　天女推床不成文章南箕無舌飯多沙糖虛象盜名雄雞折頸

夬　太子扶蘇走出遠郊佞幸成邪改命生憂慈母之恩無路致之

姤　寒暑相推一明一微赫赫宗周光榮滅衰

萃　雞狗相望仁道篤行不吠昏明各安其鄉周鼎和餌國富民有八極蒙祐

升　窓牖户旁道利明光賢智輔聖仁施大行家給人足海内殷昌

困　兩雪三日鳥獸飢乏旅人失宜利不可得幾言解患以療

紛難危者復安

井 白鵠銜珠夜食爲明膏潤渥優國歲年豐中子來同見惡不凶

革 從豕牽羊與虎相逢雖驚不凶

鼎 凫雁啞啞以水爲宅雌雄相和心志娛樂得其所欲絶其患惡 大有之歸妹

震 逐狐平原水遏我前深不可涉暮無所得

艮 窟室蓬户寒賤所處十里望烟散渙四方形體滅亡下入深淵終不見君

漸 桀紂之主悖不可輔貪榮爲人必定其咎聚斂積實野在鄙邑未得入室

歸妹 倉庫盈億年歲有息商人留連雖久有得陰多陽少因地

就力

豐　火山不然釣鯉失綸魚不可得利去我北三人同福以興周國君子安息

旅　童女無媒不宜動揺安其居廬傅母何憂

巽　載風雲母遊觀東海鼓翼千里見吾愛子

兊　鴻盜我襦逃於山隅不見武迹使伯心憂

渙　視夜無明不利遠鄉閉門塞牖福爲我母

節　三狗逐兔子東北路利以進取商人有得

中孚武王不豫周公禱謝載璧秉珪安寧如故

小過同載共車中道别去爵級不進君子不興

既濟六雁俱飛遊戲稻池大飲多食飽無患舉事不遂商旅作憒

未濟符左契右相與虐亂乾坤利貞孳生六子長大成就㛹然

如母不利爲咎

頤之第二十七

頤　家給人足頌聲並作四夷賓服干戈卷閣

乾　思初道古哀吟無輔陽明不制上失其所

坤　江河淮海天之奥府衆利所聚賓服饒有樂我君子

屯　三雁俱行避暑就凉適與鱛遇爲繳所傷

蒙　秋南春北隨時休息處和履中安無憂凶

需　履危無患跳脫獨全不利出門傷我左踝疾病不食鬼哭

其室

訟　東家凶婦怒其公姑毀枓破盆弃其飯飡使吾困貧

師　泥滓洿辱弃捐溝瀆衆所笑哭終不顯禄

比　旦往暮還各與相存身無凶患

小畜　六翮長翼夜過射國高飛冥冥羿氏無得

履　蜂蠆之門難以止息嘉媚之士爲王所食從去其室

泰　放狐乘龍爲王道東過時不及使我憂歎

否　雹梅零墮心思情憒亂我蒐氣

同人　長女三嫁進退多態牝狐作妖夜行離憂

大有　轟轟輷輷驅車東西盛盈必毀高位崩顛

謙　乘船道濟載水逢火賴得無患蒙我生全

豫　至德之君政仁且溫伊呂股肱國富民安

隨　生不逢時困且多憂無有冬夏心常悲愁

蠱　南歷玉山東入生門登福上堂飲萬歲漿

臨　大斧破木讒人敗國東關二五禍及三子晉人亂危懷公

出走

觀　一室百孫公悅婦歡相與笑言家樂以安

噬嗑　隨陽轉行不失其常君安於鄉國無咎殃

賁　羣虎入邑求索肉食大人禦守君不失國

剝　弱足刖跟不利出門商賈無贏折明爲患湯火之憂轉解

喜來

復　夏臺幽戶文君厄處鬼侯飲食岐人悅喜

無妄　棟橈壞廊屋大敗宮闕空廊如冬枯樹

大畜　說以內安不離其國室家相懽幽囚重閉疾病多求罪亂

憒憒

大過　六龍俱怒戰於阪下倉黃不勝旅人難苦

坎　天下雷行塵起不明市空無羊疾人憂凶三木不辜脫歸

家邦

離　一指食肉口無所得淉其鼎鼐舌饞於腹

咸　喜笑不常失其福慶口辟言疔行者畏忌

恒　毛生毫背國樂民富侯王有德

遯　豶豕童牛童傷不來三女同堂生我福人

大壯　江河淮海盈溢爲害邑被其瀨年困無歲

晉　兩虎爭鬬股瘡無處不成仇讎行解欲去

明夷　五嶽四瀆潤洽爲德行不失理民賴恩福

家人　載車乘馬南逢君子與我嘉喜雖憂無咎

睽　缺囊破筐空無黍稷不媚如公弃於糞墻

蹇　殺行桃園見虎東西螳螂之敵使我無患

解　飢人入室政衰弊極抱其彝器奔於他國困禍受福

損　庭燎夜明追古傷今陽弱不制陰雄坐戾

益　懸狟素飡食非其任失輿剥廬休坐從居

夬　喜門福善繒帛盛熾日就爲得財寳敵國

姤　執綏登車驂乘東遊説齊解燕覇國以安

萃　水深無桴蹇難何游商伯失利庶人愁憂

升　三鳥鴛鴦相隨俱行南到饒澤食魚與粱君子樂長見惡不傷

困　遠視目眄臨深苦眩不離越都旅人留連

井　終風東西散渙四方終日至暮不見子懽

革　言無要約不成券契殷叔季姬公孫爭之彊入委禽不悦於心

鼎　牛馬聾瞶不知聲味遠賢賤仁自合亂憒疾病無患生福

在門
震　從商近游飽食無憂囹圄之困中子見囚
艮　據斗運樞順天無憂與樂並居
漸　姬奭姜望為武守邦藩屏燕齊周室以彊子孫億昌
歸妹　亡羊東澤循隄直北子思其母復返其所
豐　張鳥關口舌直距齒然諾不行政亂無緒
旅　載船逢火憂不為禍家在山東入門見公
巽　絶言異路心不相慕蚍子兩角使我心惡
兌　鼻項移徙君不安坐枯竹復生失其寵榮
渙　殷商以亡火息無光年歲不長殷湯光明
節　文王四乳仁愛篤厚子畜十男無有折夭
中孚　熊羆豺狼在山陰陽伺鹿取獐道僕畏難

小過彫葉被霜獨蔽不傷駕入喜門與福爲婚

既濟黄離白日照我四國元首昭明民賴恩福漢有游女人不
可得

未濟順風直北與歡相得歲熟年樂邑無寇賊長女行嫁子孫
不昌係疾爲殃

大過之第二十八

大過典册法書藏閣蘭臺雖遭亂潰獨不遇災

乾 日在北陸陰蔽陽目萬物空虛不見長育

坤 鬼泣哭社悲商無後甲子昧爽殷人絶祀

屯 涉塗履危不利有爲安坐毋橐乃無災殃門户自開君憂
不昌

蒙 陽失其紀枯木復起秋葉冬華君不得息

需　大樹之子百條共母當夏六月枝葉盛茂鸞鳥以庇召伯
避暑翩翩偃仰甚得其所
訟　秉鉞執殳挑戰先驅不從元帥敗破為憂
師　啓室開關逃得釋免夏臺姜里湯文悅喜
比　衰滅無成淵溺在傾狗吠夜驚家乃不寧枯者復華幽人
無憂
小畜　西鄰少女未有所許志如委衣不出房戶心無所處傳毋
何咎
履　狗吠夜驚履鬼頭頸危者弗傾患滅不成
泰　當年少寡獨與孤處雞鳴犬吠無敢誰者我生不辰獨嬰
寒苦
否　無道之君鬼哭其門命與下國絕得不食

同人乘龍南遊夜過糟丘脫厄無憂矰絕弩傷羿不得羹

大有馬蹪車傷長舌破家東關二五晉君出走

謙 瓜葩匏實百女同室苦醯不熟未有妃合

豫 晨風文翰大舉就温昧過我邑羿無所得

隨 逸逸浞浞塗泥至轂馬濘不進虎齧我足

蠱 膠車駕東與雨相逢故華懈惰頹輪獨坐憂不爲禍

臨 六家作權公室剖分陰制其陽唐叔失明

觀 去室離家來奔大都火息復明姬伯以昌商人失功

噬嗑 牧羊稻園聞虎喧讙危懼喘息終無禍患

賁 嬰孩求乳母歸其子黄麑懽喜

剝 廓落失業跨禍度福利無所得

復 出入無時憂禍爲災行人失牛利去不來老馬少駒勿與

久居

無妄風怒漂水女惑生疾陽失其服陰孽爲賊

大畜車馬病傷不利越鄉幽人元亨去晦就明

頤三奇六耦各有所主周南召南聖人所在德義流行民悦以喜

坎坐爭立訟紛紛怨怨卒成禍亂災及家公

離憂凶爲殘使我不安從之南國以除心疾

咸愛我嬰女牽引不與冀幸高貴反得不興

恒宜行賈市所聚必倍載喜抱子與利爲市

遯坐席未温憂來扣門踰墻北走兵交我後脱於虎口

大壯赤帝懸車廢職不朝叔帶之災居于汜𢈢

晉子畏於匡厄困陳蔡明德不危竟自免害

明夷逐雁南飛馬疾牛罷不見魚池失利憂危牢戶之寃脫免
無患

家人推輦上山高仰重難終日至暮不見阜巔

睽憂不爲患福在堂門使吾偃安

蹇春桃始華季女宜家受福多年男爲邦君

解高山之巔去谷億千雖有兵寇足以自守

損過時歷月役夫顚頹處子嘆室思我伯叔

益太微復明説升傅巖乃稱高宗疾在頭頸和不能生滅其
令名

夬旁多小星三五在東早夜晨行勞苦無功

姤東鄉煩煩相與笑言子般鞭犖囿人作患

萃鼻移在頭枯葉復生下朽上榮家乃不寧其金不成

升　蝦蟆羣聚從天請雨雲雷疾聚應時輙下得其願所

困　大步上車南到喜家送我貂裘與福載來

井　賊仁傷德天怒不福斬刈宗社失其宇守

革　從猬見虎雖危不殆終已無咎

鼎　履素行德卒蒙祐福與堯侑食君子有息

震　利在北陸寒苦難得憂危之患福爲道門商叔生存

艮　四蹇六盲足痛難行終日至暮不離其鄉

漸　臺駘味子明知地理障澤宣流封君河水

歸妹　畜水得時以備火災柱車絆馬郊行出旅可以無咎

豐　歲暮花落君衰於德勞寵損墜陰奪其室

旅　夏販蔡悲千里爲市黄葉殪鬱利得無有

巽　仲春巡狩東見群后昭德允明不失其所

兊　㭢潔緤緤結締難解媒毋衒嫁媒不得坐自爲身禍
渙　烏鳴庭中以戒災凶重門擊柝備憂暴客
節　朝躋暮霞瀸我衣襦退無得牛
中孚抱璞懷玉與桀相觸詘坐不中道無良人
小過兩心相悅共其柔筋夙夜在公不離房中得君子意
既濟載餽如田破鉏失食苗穢不闢獨飢於年
未濟甘露醴泉太平機關仁德咸應歲樂民安屯之謙

焦氏易林卷第七

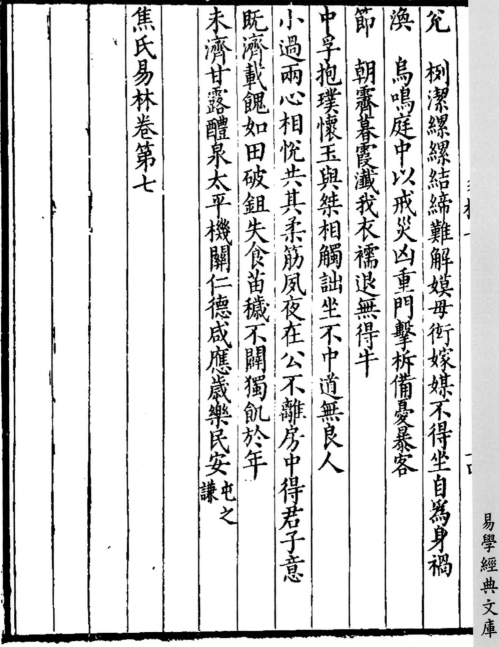

焦氏易林卷第八

坎之第二十九

坎　有黄鳥足歸呼季玉從我雎陽可辟刀兵與福俱行有命久長

乾　太王爲父季歷孝友文武聖明仁德興起弘張四國載福綏厚

坤　猿墮高木不踒手足保我金玉還歸其室

屯　重耳恭敏遇饒出處比奔狄戎經涉齊楚以秦代懷誅殺子圉身爲霸主

蒙　倚鋒據戟傷我胸臆拜折不息

需　狗冠雛步君失其居出門抵山行者憂難水灌我園高陸爲泉

坎

訟　衆鳥所翔中有大壯爪牙長頭爲我驚憂

師　雷行相逐無有休息戰於平陸爲夷所覆

比　禹鑿龍門通利水泉同注滄海民得安土

小畜　堯舜仁德養賢致福衆英積聚國無寇賊商人失利來爭寶貨

履　陸居少泉山高無雲車行千里塗不汚輪渴爲我怨佳思廣得

泰　朝視不明夜不見光皆抵空床季女奔亡愴焉心傷

否　齊魯求國仁聖輔德進禮雅言定公以安

同人　東帛玄圭君以布德伊吕百里應聘輔國

大有　棘鉤我襦爲絆所拘靈巫拜禱禍不成災東山之邑中有土服可以饒飽

謙　門燒屋燔爲下所殘西行出户順其道理虎卧不起牛羊歡喜

豫　墻高蔽日崑崙翳月遠行無明不見懽叔

隨　天地際會不見内外祖辭遣送與世長決

蠱　深水難涉塗難至轂牛罷不進濘陷我疾

臨　羊驚狼虎獼猴群走無益於僵爲齒所傷

觀　履虵躡虺與鬼相視驚哭失氣如騎虎尾

噬嗑　車驚人墮兩輪脱去行者不至主人憂懼結締復解夜明爲喜

賁　南販北賈與怨爲市利得自治

剥　延陵適魯觀樂太史車轔白顛知秦興起卒兼其國一統爲主

復　出門逢患與禍爲怨更相擊剌傷我手端
無妄　獐鹿同走自燕嘉喜公子好遊他人多有
大畜　恭寛相信履福不殆從其邦域與喜相得
頤　欲飛無翼鼎重折足失其喜利苞羞爲賊上妻之家喜除
我憂解吾思愁
大過　府藏之富王以振貸捕魚河海罟網多得
離　隂生麞麑鼠舞鬼哭靈龜陸蒙釜甑草土仁智盤桓國亂
無緒
咸　風塵瞑迷不見南北行人失路復反其室
恒　金革白黄宜利戒市嫁娶有息商人悦喜
遯　匏瓜之德宜繫不食君子失與官政懐憂
大壯　乘船渡濟載氷逢火賴得免患蒙我所恃

晉　道途多石傷車折軸與市爲仇不利客宿
明夷　託寄之徒不利請求結衿無言乃有悔患
家人　三羊爭妻相逐奔馳終日不食精氣竭罷
睽　退惡防患見在心苗日中之恩解釋倒懸
蹇　兩足四翼飛入嘉國寧我伯姊與母相得
解　寒露所降凌制堅氷草木瘡傷花落葉亡
損　后稷農功富利我國南畝治理一室百子
益　設網張羅捕魚園池網罟自決雖得復失危訴之患受其低懽
夬　路與縣休侯伯恣驕上失其盛周室衰微
姤　逐走追亡相及扶桑復見其鄉使我悔喪
萃　履祿綏厚載福受祉衰微復起繼世長久疾病獻麥晉人

赴告

升 鰥寡孤獨祿命苦薄入宮無妻武子哀悲

困 山没丘浮陸爲水魚燕雀無巢民無室廬

井 冠帶南遊與福喜期徼于嘉國拜爲逢時

革 東行亡羊失其羝羘少婦無夫獨坐空盧

鼎 探巢捕魚耕田捕鰌費日無功右手空虛

震 東行飲酒與喜相抱福吾家利來從父母水澤之徒望邑

而處

艮 妄怒失精自令畏悔忪忪之懼君子無咎

漸 白雲如帶往往旗處飛風送迎大雹將下擊我禾稼僵死

不起

歸妹南至之日陽消不息北風烈寒萬物藏伏

豐　火中仲夏鴻雁來舍體重難移未能高舞君子顯名不失其譽

旅　北行出門履陷躓顛踒足據塗汚我襦袴

巽　輕車醱祖猋風暴起促亂祭器飛揚錯華明神降佑道無害寇

兌　酒爲歡伯除憂來樂福喜入門與君相索使我有德

渙　三足孤烏靈明督郵司過罰惡自賊其家毀敗爲憂

節　三河俱合水怒踴躍壞我王屋民飢於食

中孚　南行橐囷惡虎畏班執火銷金使我無患

小過　求鹿過山與利爲怨闇聾不言誰知其懽

既濟　行旅困甃失明守宿囹圄之憂啓執出遊

未濟　據棘履危跌刺爲憂夫婦不和亂我良家

離之第三十

離　時乘六龍爲帝使東達命宣旨無所不通

乾　執轡四驪王以爲師陰陽之明載受東齊

坤　春秋禱祝解過除憂君子無咎

屯　坐車乘軒據國子民虞叔受命和合六親

蒙　開戶下堂與福相迎祿于公室曾孫以昌

需　高木腐巢漏濕難居不去甘棠使我無憂

訟　三女爲姦俱遊高園倍室夜行與伯笑言不忍主母爲設歡酒寬尤誰禱

師　漏巵盛酒無以養老春貸黍稷年歲實有履道坦坦平安何咎

比　松栢枝葉常茂不落君子惟體日富安樂

小畜　夫婦不諧爲燕攻齊良弓不張騎駟憂凶

履　出令不勝反爲大災強不克弱君受其憂

泰　奔牛相錯敗亂緒業民不得作

否　載璧秉珪請命于河周公克敏冲人瘳愈

同人　素車僞馬不任重負王侯出征憂危爲咎

大有　大樹之子同條共母比至火中枝葉盛茂

謙　壅遏隄防水不得行火盛陽光陰蜺伏藏走婦其歸

豫　五岳四瀆合潤爲德行不失理民賴恩福

隨　駕駿南遊虎驚我羊陰不奉陽其光顯揚言之謙謙奉義解患

蠱　早霜晚雪傷害禾麥損功弃力飢無所食

臨　岐周海隅有樂無憂可以避難全身保財

離

觀　陰蔽其陽目暗不明君憂其國求騂得黃駒犢從行

噬嗑金城鐵郭上下全力政平民歡寇不敢賊

賁　平公有疾迎醫秦國和不能知晉人赴國

剝　戴堯扶禹從喬彭祖西過王母道里夷易無敢難者

復　羔羊皮革君子朝服輔政天德以合萬國

無妄據鍾鼓翼將軍受福安帖之家虎狼與憂履危不強師行

何咎

大畜嫡庶不明孽亂生殃陳失其邦

頤　鳥驚狐鴻國亂不寧上弱下強爲陰所刑

大過六月采芑征伐無道張仲方叔克勝飲酒

坎一被繡夜行不見文章安坐玉堂乃無咎殃長子帥師得其

正常

咸　昧暮乘車東至伯家踰梁越河濟脫無他

恒　東風解凍和氣兆升年歲豐登

遯　三貍搏鼠遮遏前後無於圉域不得脫走

大壯綏德孔明履禄久長貴且有光疾病憂傷

晉　三虎搏狼力不相當如摧蘧（?）一擊破亡

明夷使伯東乘恨不肯行與叔争訟更相毀傷

家人抱空握虚鴟鷲我雛利去不來

睽　李花再實鴻升降集仁哲以興隆國無賊

蹇　東山皐洛勇捍不服金玦玩好衣爲身賊

解　飛文汚身爲邪所牽青蠅分白貞孝放逐

損　南山大木文身其目制命出令東里田畝尊主安居鄭國無患

益　泉起崑崙東出玉門流爲九河無有憂患

夬　命短不長中年夭傷鬼泣哭堂哀其子亡

姤　君臣不和上下失宜宗子哭歌

萃　苛政日作螟食華葉割下咲上民被其賊秋無所得

升　南行戴鎧登塲九魁車傷牛罷日暮咨嗟

困　春東夏南隨陽有功與利相逢

井　頭尾顛倒不知緒處君失其國

革　言無要約不成券契殷叔季姬公孫爭之強入委禽不悅子南

鼎　鈌破不成胎卵不生不見其形

震　見虵交悟惜蚖畏惡心乃無悔

艮　河水孔穴壞敗我室水深無涯魚鱉傾倒

漸　五嶽四瀆地得以安髙而不危敬愼避患
歸妹南至之日陽消不息北風烈寒萬物伏藏
豐　五利四福俱佃居邑黍稷盛茂多獲髙積
旅　公孫駕車載遊東齊延陵子産遺季紵衣疾病哀悲
巽　交亂當道民困愁苦望羊罝群長子在門
兌　金玉滿室忠直乗危三老凍餓鬼奪其室求魚河海網舉必得
渙　日入幽歷陽明隱伏小人勞心求事不得
節　頻逢社飲失利後福不如子息舊居故處申請必與乃無大悔
中孚南有嘉魚駕黄取遊魴鱮詡詡利來無憂
小過黄裳建元文德在身禄祐洋溢封爲齊君賈市無門股肱

多根

既濟口不從心欲東反西與意乖戾動舉失使

未濟虎狼之鄉日争凶訟叨爾爲長不能定從

咸之第三十一

咸　雌單獨居歸其本巢毛羽憔悴志如死灰

乾　十窓多明道里通利仁智君子國安不僵

坤　心惡來怔衝衝何懼顔伯子騫尼父聖母

屯　鳥鳴呼子哺以酒脯高樓水處來歸其母

蒙　國馬生角陰孼萌作變易常服君失于宅

需　入宇多悔耕石不富衡門屢空使士失意

訟　情懦行賈遠涉山阻與旅爲市不危不殆利得十倍

師　梁破橋壞水深多畏陳鄭之間絶不得前

比　雙鳧俱飛欲歸稻池經涉萑澤爲矢所射傷我胸臆
小畜讒誕不成倍梁滅文許人賣牛三失争之失利後時公孫
懷憂
履　南國凶飢民食糟糠少子困捕利無所得
泰　狗吠非主狼虎夜擾驚我東西不爲家咎
否　望龍無目不見手足入水求玉失其所欲
同人以鹿爲馬欺誤其主聞言不信三口爲咎黃龍三子中樂
不殆
大有養幼新婚未能出門登宋望齊不見太師
謙　王孫季子相與爲友明允篤誠升擢薦舉
豫　山水暴怒壞梁折柱稽難行旅留連愁苦
隨　鸛鳩徙巢西至平州遭逢雷電破我葦蘆室家飢寒思吾

故初

蠱　登高傷軸上阪弃粟販鹽不利買牛折角

臨　祝駝王孫能事鬼神節用綏民衛國以存饗我旨酒眉壽多年

觀　九里十山道却峻難牛馬不前復反來還（還一作道）

噬嗑　枯樹不花空淵無魚蕉鳥飛翔利弃我去

賁　雄狐唯唯登上山嵬昭告顯功大福允興

剝　啞啞笑喜相與飲酒長樂行觴千秋起舞拜受大福

復　大椎破轂長舌亂國床笫之言三世不安

無妄　男女合室二姓同食婚姻孔云宜我孝孫

大畜　千仞之墻禍不入門金籠銕蹠利以辟兵欲南上阪轉萬不轉還車復反

順　華言風語自相詿誤終無凶事安寧如故

大過汎汎栢舟流行不休耿耿寤寐公懷大憂仁不遇時退隱窮居

坎　大尾小頭重不可揺上弱下強陰制其雄

離　一身三口語無所主東西南北迷惑失道

恒　南行求福與喜相得封受上賞鼎足輔國晉之謙同

遯　過時不歸苦悲雄惟徘徊外國與母分離

大壯堯舜在國陰陽和得涿聚衣常晉人無殃

晉　周城之降越裳夷通疾病多祟鬼哭其公鳥子野心宿客不同

明夷申酉脫服牛馬休息君子以安勞者得懽

家人凱風無母何恃何怙幼孤弱子爲人所咎

睽　出門上堂從容牖房不失其常天牢北戶勞者憂苦

蹇　天厭周德命與南國以禮靜民兵革休息

解　常棊折衝佐鬬者傷暴臣失國良臣破殃

損　合歡之國嘉喜我福東岳西山朝齊成恩

益　耕石不生弃禮無名縫衣失針襦袴不成

夬　聾瞽闇瞽跛倚不行坐尸爭骸身被火災因其多憂

姤　長生太平仁政流行四方歸德社稷康榮

萃　桀跖並處民之愁苦擁兵荷粮戰於齊魯合歃同牢姬姜並居

升　南與凶俱破車失襦西行無袴亡其寶賂

困　空槽注器豚彘不至張弓祝雞雄父飛去

井　望尚阿衡太宰周公藩屏湯武立爲王侯

革　朝鮮之地箕子所保宜家宜人業處子孫

鼎　昔憂解笑故貪今富載筞履善與福俱遇

震　叔迎伯兄遇巷在陽君子季姬並坐鼓簧

艮　順風縱火芝艾俱死三官集房十子中傷剝之坤作三害

漸　駕車入里求鮮魴鯉非其肆居自令失市君子所在安無危咎

歸妹　拔劒傷手見敵不起良臣無佐困辱爲咎

豐　亂君之門佐鬬傷跟營私貪祿身爲悔殘東下泰山見我所歡

旅　慈母望子遥思不已久客外野使我心苦

巽　魴生淮郤一轉爲百周流四海無有患惡

兑　甘露醴泉太平機關仁德感應歲樂民安

否　牝馬牝駒歲字不休君子衣服利得有餘

同人南行懷憂破其金輿安坐故廬乃無灾患

大有憂人之患履傷浮頗爲身禍殘篤心自守與喜相抱

謙　咸陽辰巳長安戌亥丘陵生上非魚鰌市可以避不終無
凶咎

豫　不知何孫夜來扣門我慎外寢兵戎且來

隨　昧旦不明暗我無光喪滅失常使我心傷

蠱　江陰水側舟楫破乏孤不得南豹無以北雖欲會盟河水
絕梁

臨　神之在丑逆破爲咎不利西南人休止後

觀　然諾不行欺天誤人使我靈宿夜歸溫室神怒不直鬼擊
無目欲求福利適反自賊

噬嗑　攘臂極肘怒不可止狼戾復佷無與爲市
賁　販馬賣牛會值虛空利得尠少留連爲憂
剥　高樓陛處以避風雨深堂邃宇君安其所牝雞之晨爲我
利弗求得弗得
復　阿衡服箱太乙載行逃時歷舍所之吉昌
無妄飛來之福入我嘉室以安吾國
大畜不孝之患子爲母殘老耄莫養獨坐空垣
頤　南過棘門鉤裂我冠鬪之傷襦使君佷憂
大過重或射卒不知所定質疑著龜孰可避大明神報荅告以
肌如
坎　驎麑鳳雛安樂無憂捕魚河海利踰從居
離　新田宜粟上農得穀君子推德千百以福

咸　簪短帶長幽思苦窮瘠蠡小瘦以病之隆

遯　爭訟之門不可與鄰出入爲憂生我心患

大壯　朽根枯株不生肌膚病在心腹日以焦勞

晉　雨師娶婦黃巖季子成禮就昏相呼南上膏我下土歲年大茂

明夷　冬採徵蘭地凍堅難利走失北暮無所得

家人　昧之東域誤過虎邑失我熊胔飢無所食

睽　日莫閉目隨陽休息箕子以之乃受其福舉首多言必爲悔殘

蹇　蓼蕭瀼瀼君子龍光鳴鸞雝雝福祿來同

解　鳥飛無翼兔走折足雖不會同未得醫工

損　五勝相賊火得水息精光消滅絕不長續

益　東資齊魯得騂犬馬便辟能言巧賈善市八隣併户請火不與人道閉塞鬼守其宇

夬　爭雞失羊亡其金囊利不得長陳蔡之患賴楚以安

姤　九登十陟馬跌不前管子佐之乃能上山

萃　東鄰愁苦君亂天紀甘貪祿寵必受其咎意合志同自外相從見吾伯公

升　三狸捕鼠遮遏前後死於壞城不得脫走

困　狼虎爭強禮義不行兼吞其國齊晉無主

井　五岳四瀆合潤爲德行不失理民賴息福

革　六月種黍歲晚無雨秋不宿酒神失其所先困後通與福相逢

鼎　駷牝龍身日取三千南上蒼梧與福爲婚道里夷易身安

無患取疑當作趣

震　出入休居安止相憂上室之權虎為季殘

艮　南山昊天刺政閔身疾病無辜背憎為仇

漸　蒼耳東從道頓跂蹐日辰不良病為祟禍

歸妹　凡征東燕弟伐遼西大克勝還封君河間

豐　播輸折輻馬不得行豎牛之讒賊其父兄布裘不傷終身無殘

旅　駕之南海晨夜不止君子勞疲僕使憔苦

巽　怨亂燒被忿怒生禍偏心作難意如為亂

兌　張狂妄行竊食盜粮狗吠非主嚙傷我足

渙　警蹕戒道先驅除害王后親桑以率群功安我祖宗

節　門戶乏食困無誰告對門不通莫所歸急種藏五穀一花

百業

中孚被蔽復貌危者得安鄉善無患商人有息利來入門

小過壘壘壘壘如其之室一身十子古公治邑

既濟三嫗治民不勝其任兩馬爭車敗壞室家

未濟蔽鏡無光不見文章少女不市弃其郤王

焦氏易林卷第八

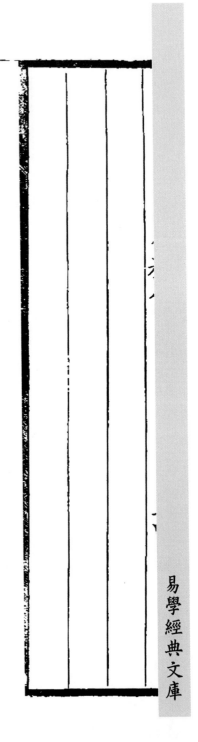

焦氏易林卷第九

遯之第三十三

遯　三塗五岳陽城太室神明所保獨無兵革

乾　軟弱無輔不能自理意在外野心懷勞苦雖憂無殆

坤　周成之隆刑措無凶太宰讚佑君子作仁

屯　穴有孤烏坎生蝦蟆象出萬里不可得捕

蒙　俱爲天民雲過吾西伯氏嫉妬與我無恩

需　三手六目政多煩惑皐陶瘖聾亂不可從

訟　德積不輕辭王釣耕三媒不巳大福來成

師　堅固相親曰篤无患六體不易執以安全兩師駕西濡我轂輪張伯李季各坐闕門

比　方內不行輻摧輪傷馬楚踶甚受子閔時

小畜　畜牝無駒養雞不雛羣羊三歲不生兩頭

履　老耄罷極無取中直懸輿致仕得歸鄉里

泰　縮緒亂絲手與爲哭越畝逐兎斷其襌襦

否　海老水乾魚鱉盡索槀落无潤獨有沙石

同人　入市求鹿不見頭足終日至夜竟無所得

大有　築門壅户虎卧當道驚我驊騮不利出處

謙　陶朱白圭善賈息資公子王孫富貴不貧

豫　王良善御伯樂知馬周旋步驟行中規矩止息有節延命壽考

隨　堯問伊舜聖德增益使民不懼安無怵惕

蠱　昭公失常季氏悖狂遜齊處鄆喪其寵身

臨　昏暮不行候待旦明從住止後未得相從

觀　安上宜官一日九遷升擢超等牧養常山

噬嗑　去惡就凶東西多訟行者無功

賁　老馬垂耳不見百里君子弗恃商人莫取無與爲市

剥　蝸螺生子深目黑醜似類其母雖或相就衆人莫取

復　百足俱行相輔爲強三聖翼事王室寵光

无妄　容民畜衆履德有信大人受福童蒙憂惑利無所得

大畜　左跌右僵前躓觸桑其指據石傷其弟兄老蚕不作家無織帛貴貨賤身久留連客

頤　昏人宜明賁食老昌國祚東表號稱太公

大過　敝笱在梁魴逸不禁漁父勞苦藏空乾口

坎　臧中後跌衰老復掇盈滿減毀疾羸肥腯鄭昭失國重耳與立

離　折亡破甕使我困貧與母生分別離異門

咸　野有積庾穡人駕取不逢虎狼暮歸其宇

恒　襁褓孩呱冠帶成家出門如賓父母何憂

大壯　陳力就列官職並廢手不勝盆失其寵門

晉　積雪大寒萬物不生隂制庶士時本冬貧

明夷　龍鬪時門失理傷賢内畔生賊自爲心疾

家人　狗畏猛虎依人爲輔三夫執戟伏不敢趨身安无咎

睽　南山高罡囬隤難登道里遼遠行者无功憂不成凶惡亦消去

蹇　逢時陽遂富且尊貴

解　求我所欲得其利福終身不辱盈盛之門髙屋先覆君失邦國

損　安坐至暮禍灾不到利詰奸妖罪人弗赦

益　膠車駕東與雨相逢五楘解墮頓輣獨宿憂爲身禍

夬　擇日高飛遂至東齊見孔聖師使我和諧

姤　陳嬀敬仲兆興齊姜乃適營丘八世大昌

萃　缺埒无墠難從東西毀破我盆泛弃酒食

升　中夜狗吠盜在廬外神光祐助消散解去

困　雷車不藏隱隱西行霖雨三旬流爲河江使國憂凶

井　老河虛空舊井無魚利得不饒避患東隣禍入我門使我悔存

革　福德之士歡悅日喜夷吾相國三歸爲臣賞流子孫

鼎　清人高子久屯外野逍遥不歸思我慈母

震　驄驪黑鬣東歸高鄉白虎推輪蒼龍把衡朱雀導引虛烏

載遊逐扣天門入見真君馬安人全

艮　路多枳棘步刺我足不利旅客爲心作毒

漸　端坐生患憂來入門使我不安

歸妹　小販之市利不足喜二世積仁蒙其祖先匪躬之言狂悖
爲患

豐　登高望時見樂无憂求利南國與寶相得

旅　踈足息肩有所忌難金城鐵廓以銅爲關藩屏自衛安上
無患

巽　江水沲汜思附君子伯仲受歸不我肯顧姪娣悔恨

兌　牙蘖生達陽倡於外左手執籥公言錫爵

渙　雲夢苑囿萬物蕃熾犀象玳瑁荊人以富

節　渠戎萬里晝夜愁苦櫜甲戎服雖荷不賊鷹鸇之殘害不

能傷

中孚鎡基逢時稷契皋陶貞良願得微子解囚市空無虎讒誕

妄語

小過騎騅與蒼南賈太行逢駭猛虎爲所吞殤葬於渭陽

既濟出門東行日利時良步騎與駟經歷宗邦暮宿北燕與樂

相逢

未濟酒爲歡伯除憂来樂福善入門與君相索使我有得

大壯之第三十四

大壯左有噬熊右有嚙虎前觸鋏矛後躓強弩無可抵者

乾金齒鐵牙壽考宜家年歲有儲貪利者得離其咎憂

坤家給人足頌聲並作四夷賓服干戈櫜閣

屯獼猴冠帶盜載非位衆犬嘈吠狂走厥足

蒙　心患其身不念安存忠臣孝子爲國除患

需　君不明德臣亂爲惑丞相命馬胡亥失所

訟　東行西窮南北无功張伯賣鹿從者失羊

師　鹿下西山欲歸其羣逢羿箭鋒死於矢端

比　明夷兆初三日爲災以讒後歸名曰竪牛剥亂叔孫餧卒
虛丘

小畜　秦失嘉居河伯爲恠還其御璧神怒不祐織組无文燒香
弗芬

履　德至之君禍不過隣使我世存身無患灾

泰　衆惡之堂相聚爲殃出毒良人使道不通

否　三痴六狂欲之平鄉迷惑失道不知昏明

同人　老弱无子不能自理鄭氏雖憂終不離咎管子治國侯伯

之服乘輿八百尊祀祖德

大有 襃后生蛇經老皆微追跌衰光酒滅黃離

謙 驄驪黑鬛東歸高鄉白虎推輪蒼龍把衡遂至夷傷不離咎殃

豫 信譎龍且塞水上流半涉決囊楚師覆凶

隨 有莘季女爲王妃后貴夫壽子母字四海

蠱 德被八表蠻夷率服螫賊不作道無苛慝

臨 載日精光驂駕六龍禄命徹天封爲燕王

觀 纓急縮頸行不得前五石示象襄覇不成

噬嗑 蛇失其公載麻當喪哀悲哭泣送死離鄉

賁 回憒不安兵革爲患掠我妻子客屬飢寒

剥 乘風雨橋與鳥飛俱一舉千里見吾愛母

復　雷霆所擊誅者五逆磨滅無迹有惧方息

无妄　張氏揖酒請謁左右王叔枯槁獨不蒙所（王一作平）

大畜　坐争立訟紛紛匈匈卒成禍亂災及家公

頤　霜降閉户蟄虫隱處不見日月與死爲伍

大過　鼠聚生怍爲我患悔道絶不通商旅失意

坎　寒暑不當軌度失常一前一後年歲鮮有

離　築室水上危於一齒丑寅不徙辰卯有咎

咸　畜雞養狗長息有儲耕田得黍王母喜舞

恒　東壁餘光數暗不明主母嫉妬亂我業事

遯　剛柔相傷火爛銷金鵰鷹制兎伐楚有功

晉　鄭國譊多數被楚憂商人愁苦民困無聊（一本云三豕俱走鬬于虎口白豕不勝死于坎下）

明夷　弓矢其張把彈弦折九發不至道過害患
家人　舉觴飲酒未得至口側弁醉酗拔劒相怒武侯作悔
睽　元缺此行
元缺此行
蹇　穿空相宜利倍我北循邪詭道逃不可得南北望邑遂歸
入室
解　壽如松喬與日月俱常安康樂不離禍憂
損　出門望東伯仲不來疾病爲患使母憂歎
益　太姒之孫周文九子咸遂受成寵貴富有
夬　桃李花實累累日息長大成熟甘美可食爲我利福
姤　婚禮不明男女失常行露反言出爭我訟
萃　空穿漏敝破桴殘缺隂弗能完瓦碎不全

升　數窮廓落困於歷室往登玉堂與堯侑食

困　道濕爲坑轉陷蹪殭南國作諱使我多畏

井　鰥寡孤獨福祿苦薄入室無妻武子哀悲

革　舉袂覆目不見日月衣衾杖机就其夜室

鼎　長尾踒虵畫地爲河深不可涉絕無以北惆然憒息

震　晨風文翰大舉就温昧過我邑羿无所得

艮　出入節時南北无憂行者亟至在外歸來

漸　陽氏狂惑季孫亂憒陪臣執政平子拘折我心不快

歸妹　五烏六鴟相對蹲跂禮讓不興虞芮爭訟

豐　顧念所生隔在東平遭離滿沸河川決潰幸得无恙復歸

相室

旅　追獵東走兎迯我後吾銳不利獨空无有

巽　犬吠非主上下膠擾敵人襲戰閔王逃走

兌　蒿蒿岱宗峻直且神觸石膚寸千里蒙恩

渙　陳魚觀社很荒踰矩爲民開緒亡其祖考

節　四壁无户三步一止東西南北利不可得

中孚　求君衣裳情不可當觸諱西行爲伯生殃君之上歡得其安存

小過　春鴻飛東以馬貿金利可得深

既濟　禾生虫蠹還自剋賊使我无得

未濟　桀亂無道民散不聚倍室棄家逃遁出走

晉之第三十五

晉　銷鋒鑄耜休牛放馬甲兵解散夫婦相保

乾　一衣三冠无所加元衣服不來爲我災患

坤　百足俱行相輔爲強三聖翼事王室寵光

屯　魚蛇之怪大人憂懼梁君好城失其安居

蒙　少無強輔長不見母勞心遠思自傷憂苦

需　前涉澇暑解不可取離河三里敗我利市老牛病馬去之何悔

訟　君明有德登天大祿布政施惠以感恩福中子南遊翺翔未復

師　嘵然唯諾敬上尊客執恭除患禦侮致福

比　黍稷禾稻垂秀方造中旱不雨傷風病藁

小畜　三羸六罷不能越踰東賈失馬往反勞苦

履　倚立相望引衣欲莊隂雲蔽日暴雨折集降我歡會使道不通

泰　高脚疾步受肩善趨日走千里賈市有得

否　北風寒涼雨雪益氷憂思不樂哀悲傷心

同人貞鳥鳴鳩執一无尤寢門治理君子悅喜

大有蓼蕭露瀼君子龍光鳴鸞雍和福禄來同

謙　南行求福與喜相得封受上賞鼎足輔國

豫　桑華腐蠹衣弊如絡女功不成絲布爲玉

隨　左服易右王良心歡嘉利從己

蠱　壽考不忘駕騂東行之適陳宋南賈楚荆得利息長旅自多罷畏晝喜夜

臨　羔羊皮弁君子朝服輔政扶德以合萬福

觀　鸇鳩徙巢西至平州遭逢雷電破我葦蘆室家飢寒思吾故初

噬嗑大尾小頭重不可搖上弱下強陰制其雄

賁　疏足息肩有所忌難金城銅郭以鐵爲關藩屏自衛安止无患

剥　天命玄鳥下生大商造定四表享國久長

復　賦斂重數政爲民賊杼軸空虛家去其室

无妄陰陽隔塞許嫁不答死丘新臺悔往歎息

大畜願望登虛意常欲逃賈辛醜惡妻不安夫

頤　跛行竊視有所畏避蔽目伏藏以夜爲利

大過信敏恭謙敬鬼尊神五岳四瀆克厭帝心受福宜年

坎　懸懸南海去家萬里飛兎腰褭一日見母除我憂悔

離　雖汚不辱因何洗足童子褰衣五年平復

咸　宮城立見衣就袂裙恭謙自衛終无禍尤

恒　潎笱在梁不能得魚望貧千里所至空虚

遯　千里騂駒爲王服車嘉其驪榮君子有成

大壯　鼎足承德嘉謀生福爲王開庭得心所欲

明夷　右手無合獨折左指禹湯失佐事功弗立

家人　憂凶憎累患近不解心意西東事无成功

睽　東行食榆困於枯株失妻无家志窮爲憂

蹇　五經六紀仁道所在正月繁霜獨不離咎離當作罹

解　解緩不前慆怠失便二至之戎家无禍凶刻水象形聞言不信

損　仁愛篤厚不以所忿害其所子從我舊都日益富有

益　鈌破不成胎卵未生弗見兆形

夬　摧角不傷雛折復長秉德无騫老賴榮光

姤　乘桴渡海免脱厄中雖困无咎

萃　孔鸞鴛雛鵷鶵鶴鵠翺翔紫淵嘉禾之圃君子以娱

升　衆來得願甘露温潤樂易君子不逢禍亂

困　東騎墮落千里獨宿高岸爲谷陽失其室

井　八才既登以成善功庬降庭堅國无憂凶

革　邯鄲反言父兄生患竟涉憂恨卒死不還

鼎　五銳鐵順倉庫空虛買市无盈與利爲仇

震　白烏銜餌鳴呼其子施技張翅來從其母

艮　學靈三年聖且明神先見善祥嘉吉福慶餌吉知來告我

漸　雲孽蒸起失其道理傷害年穀神君之精
无咎

歸妹　春耕有息秋入利福獻豜大豵以樂成功　大疑當作私

豐　羸豕蹢躅虎入都邑遮遏左右國門救至一作[illegible]急

旅　東行西維南北善迷逐旅失群亡我襦衣

巽　居室之倫夫婦和親小人乘車碩果失豢

兌　東方孟春秉冰戴盆俱危不安終身所歡

渙　風吹塵起十里无所南國年傷不可安處

節　重載傷車婦失无夫三十不室獨坐空廬

中孚敗牛羸馬與利爲市不我嘉喜

小過日出阜東山蔽其明章甫薦屨箕子佯狂

既濟出入門所與道開通杞梁之信不失日中少季渡江來歸

未濟邑兵衛師如轉蓬時居之危凶

　其邦疾病危亡

　明夷之第三十六

明夷他山之儲與璆爲仇來攻吾城傷我肌膚邦家騷憂

乾　踐履寒氷十步九尋雖有苦痛不爲憂病

坤　太公避紂七十隱處卒逢聖文爲王室輔

屯　日月之塗所行必到无有患悔

蒙　諷德誦功美周盛隆旦輔成周光濟冲人

需　童女无室未有配合空坐獨宿

訟　穿鼻繫株爲虎所拘王母祝祠禍不成災遂然脫來

師　黄帝神明八子聖聰佚受大福天下平康

比　深谷爲陵衰者復興亂傾之國民得安息中婦病困遂入

冥室

小畜道遠遼絶路宿多悔頑嚚相聚生我畏惡

履　旦樹菽豆暮成藿羹心之所樂志快心歡

泰　切切之患凶憂不成虎不敢齚利當我身切切疑作忉忉

否　王伯遠宿長婦在室異袍侍食所求不得

同人寒燠失時陽旱爲災雖耗无憂

大有雖窮復通履危不凶保其明功

謙　狼虎所宅不可以居爲我患憂

豫　喋囁處糶昧冥相傳多言少實語無成事

隨　履氷蹈凌雖困不窮播雀登巖卒無憂凶

蠱　文文墨墨憂禍相雜南北失志東西不得

臨　爭訟不已更相談詢張季弱日被髮北走

觀　德積逢時宜其美才相明輔聖拜受福休長女不嫁後爲

大悔

噬嗑江水沱汜思附君子伯仲爰歸不我肯顧姪娣恨悔

賁　光禮春成陳寶雞鳴陽明失道不能自守消亡爲咎

剝　驚虎無患虞爲我言賴得以安

復　僞言妄語轉相詿誤不知狼處

无妄　履悖自敵凶憂來到痛不能笑

大畜　牽尾不前逆理失臣惠朔以奔

頤　三狸搏鼠遮遏前後死於環城不得脫走

大過　言笑未卒憂來暴卒身墨丹索檻囚裝束

坎　陰積不已雲作淫雨傷害平陸民无室屋

離　山林麓藪非人所處鳥獸无禮使我心苦

咸　新作初陵踰蹈難登三駒推車跌頓傷頤

恒　黿黴惙惙行纊聽絕曠然大通復更生活

遯　欒子作殃伯氏誅傷州犂奔楚去其邑鄉

大壯　驕胡犬形造惡作凶无所能成還自滅身

晉　陳辭達城使安不傾增榮益譽以成功名

家人　三杷无粟家无積蓄使鳩求婦頑不我許

睽　慎禍重病顏子為友乃能安存牢戶繫羊乃能受慶

蹇　鹿得美草鳴呼其友九族和穆不憂飢乏

解　亡玉失鹿不知所伏利以避危全我生福甘雨時降年歲有得

損　逢時得當身受福慶

益　鵲思其雄欲隨鳳東順理羽翼出次須日中留北邑復反其室

夬　環堵倚鉏升升屬口貧賤所處心寒昨苦

姤　孤獨特處莫依為輔心勞志苦

萃 稷爲堯使西見王母拜請百福賜我喜子長樂富有

升 鳴條之郊北奔犬胡左衽爲長國號匈奴王君旄頭立尊單于

困 絶而復通雖達不窮終得其願姬姜相從

井 陽并悖狂拔劒自傷爲身坐殃

革 方圓不同剛柔異鄉摇井得石勞而无功

鼎 乘風雨會與飛鳥俱動舉千里見我愛母

震 三塗五岳陽城太室神明所扶獨无兵革

艮 鴟鴞取婦深目窈身折腰不媚與伯相背

漸 轉行軌軌行近不遠旦夕入門與君咲言

歸妹 求利難國逃去我北復歸其城不爲吾賊 難疑當作離

豐 日月之途所行必到无凶无咎安寧不殆

旅　管仲遇桓得其願歎膠目啟牢振冠无憂笑戲不止空言妄行豐之困

巽　出入蹈踐動順天時俯仰有節禍災不來

兑　内崩傷中上亂无恒雖有美粟我不得食

渙　逐禍除患道德神仙過惡萬里福常在前身樂以安

節　牛驚馬走上下渾擾鼓音不絶頃公奔敗

中孚　西上九阪往來留連止須時日虚與有德

小過　虎怒捕羊猬不能攘

既濟　湧泉滈滈南流不絶卒爲江海敗壞邑里家無所處將帥襲戰獲其醜虜

未濟　桃弓葦戟除殘去惡敵人執服

焦氏易林卷第九

焦氏易林卷第十

家人之第三十七

家人天命赤烏與君徼期征伐无道誅其君傲居止何憂

乾 千歲槐根身多斧瘢傷癰擣理枝葉不出

坤 嗙嗙諤諤虎豹相齚懼畏悚息終无難惡

屯 娶於姜呂駕迎新婦少齊在門夫子歡喜

蒙 膏壤肥澤民人孔樂宜利居止長安富有

需 主有聖德上配太極皇靈建中授我以福

訟 耄老蒙鈍不見東西少者弗慕君不與謀懸輿致仕退歸里居

師 三狂北行道逢大狼暮宿患澤為禍堪傷

比 更旦初歲振除禍敗新衣元服拜受利福

小畜　杲杲白日為月所食損上毀下鄭昭出走

履　君子失意小人得志亂擾並作姦邪充塞雖有百堯顛不可救

泰　仁德履洽恩及異域澤被殊方福慶隱伏作蚕不織寒无所得

否　東求金玉反得弊石名曰无宜字曰醜惡衆所賤薄

同人　擊鼓合戰士怯叛亡威令不行敗我成功

大有　仲春孟夏和氣所舍生我嘉福國無殘賊

謙　尹氏伯奇父子生離无罪被辜長舌為災

豫　三穀不熟民苦困極駕之新邑嘉樂有德

隨　登虛望貿暮食无飡長子南戍與我生分

蠱　東市齊魯南賈荊楚羽毛齒革為吾利寶

臨　節情省欲賦歛有度家給人足公劉以富

觀　恭寬信敏功加四海辟去不祥喜來從母

噬嗑張狂妄作與惡相逢不得所欲生我獨凶

賁　晝龍頭頸文章不成甘言美語詭辭無名

剥　騎龍乘風上見神公彭祖受刺王喬讚通巫咸就位拜壽

無窮

復　温仁君子忠孝所在八國爲隣禍災不處

无妄威權分離烏夜徘徊羣蔽目光大人誅傷

大畜學靈三年聖且明神先知善祥吉喜福慶神烏來見告我

無憂

頤　東山冢辭處婦思夫伊威盈室長股羸户歎我君子役日

未已

大過　張頷開口舌直距齒然諾不行政亂无緒

坎　吹角髙邦有夫失羊衆民驚惶警慎避咎勑不行殃

離　南行出城世得福祉王姬歸齊賴其所欲

咸　心狂老悖視聽聾類政令无常下民多孽

恒　安上宜官一日九遷踰羣超等牧養恒山

遯　東鄰嫁女爲王妃后莊公築館以尊王母歸于京師季姜悅喜

大壯　六甲無子己喪其戊五丁不親庚失曾孫癸走出門

晉　陰霧不清濁政亂民孟秋季夏水壞我居

明夷　騎豚逐羊不見所望經涉虎廬亡身失羔

睽　安牀厚褥不埽久宿弃我嘉宴困於南國投杼之憂弗成禍災

蹇　五方四維平安不危利以居止保有玉女

解　西賈巴蜀寒雪至轂欲前不得復反其室

損　剛柔相呼二姓爲家霜降既同惠我以仁

益　天馬五道炎火分處往來上下住又駒亡衣柔巾麻相隨哭歌凶惡如何

夬　出門懷憂東上禍亡與凶相遇自爲災患

姤　西行求玉冀得隋璞反見凶惡使我驚惑

萃　出門无妄動作失利銜憂懷禍使我多悴門一作入至一作妄

升　高樓無柱顛僵不久紂失三仁身死牧野

困　避禍逃殃身外不傷高貴疾顛華落墮凶

井　張牙反目怒齗作怒狂馬燒犬道驚傷軫

革　泉涸龍憂箕子爲奴干叔隕命殷破其家

鼎　向食飲酒嘉賓聚會䍧羊大猪君子饒有

震　黄牛騂犢東行折角冀得百䍧反亡我囊

艮　路多枳棘步剌我足不利旅客爲心作毒

漸　執斧破薪使媒求婦和合二姓親御斯酒居比鄰里姑公

　　悅喜

歸妹　駕車出門順時宜西福佑我身安寧無患

豐　日新東從魁杓爲禍僕臺爲秦使我久坐

旅　山陵丘墓魂魄室屋精光竭盡長卧无覺

巽　孩子貪餌爲利所悅探把釜甑爛其臂手

兑　何材待時閉户獨愁蚯蚓冬行解我无憂桑蚕不得女功

　　弗成

渙　解商驚惶散我衣裝君不安邦

節　害政養賊背主入愆跛行不安國危爲患

中孚　禍走患伏喜爲我福凶惡消亡災害不作

小過　老馬無駒病雞不雛三雌獨宿利在山北

既濟　播天舞地嘵亂神所居樂无咎

未濟　異國殊俗情不相得金木爲仇酉賊擅穀

睽之第三十八

睽　倉盈庾億宜稼黍稷年歲有息

乾　被服文衣遊觀酒池上堂見觴喜爲吾兄使我憂亡　蹇之同人

坤　邑姜叔子天文在手實沉參墟封爲晉侯

屯　攺柯易葉飯温不食豪雄爭強先者受福

蒙　馨香陟降明德上登社神佑顧命予大鄰

需　老狼白驢長尾大狐前顛卻躓進退遇祟

訟　山没丘浮陸爲水魚燕雀无廬

師　懿公淺愚不深受諫无援失國爲狄所賊

比　鼎煬其耳熱不可舉大塗塞壅旅人心苦

小畜　凶聲醜言惡不可聞君子舍之往恨我心

履　昧暮乘車履危蹈溝亡失羣物摧折兩軸

泰　南有嘉魚駕黃取鰌魴鱮詡詡利來毋憂

否　隔在九山往來勞難心結不通失其所歡

同人　下流難居狂夫多罷貞良温柔年歲不富

大有　狐狸雉兎畏人逃去分走竄匿不知所處

謙　異體殊俗各有所屬西鄰孤嫗欲寄我室主毋罵詈終不可得

豫　怒非怨妬貪得腐鼠而呼鵲鷂自令失餌致被困患

隨　五心六意歧道多怪非君本志生我恨悔

蠱　三班六黒同室共食日長月息我家有德

臨　方船備水旁河燃火終身无禍

觀　翳屏獨語不聞朝市以利居服兎跛後聞

噬嗑以處不安從反觸患

賁　剥削髡劓人所賤弃拹捍之言我心不快

剥　皐田禾黍摅壤麻皐衣食我躬室家饒有

復　兩目失明日奪无光脛足跛踦不可以行頓於丘傍

无妄金城朔方外國多羊履霜不時去復爲憂

大畜臣病不醫亂政傷災紂作滛虐商破其墟

頤　鬼泣哭枉悲傷無後甲子昧爽殷人絶祀

大過焱風卒起車馳袍裼弃古追亡失其和節心憂惙惙

坎　耄老失明聞善不從自令顛沛敗爲咎殃

離　隨風騎龍與利相逢田獲三狐商伯有功衝衝之邑長安无他

咸　三牛五羘重明作福使我有得疾人官獄憂在心腹

恒　孟已乙丑哀呼尼父明德訖終亂害滋起

遯　華燈百枝消暗衰微精光訖盡奄如灰糜

大壯　鷹飛雉退兎伏不起弧張狼鳴野雞飛驚

晉　鬬戰天門身有何患室家具在不失其歡

明夷　東家殺牛行逆腥臊神背西顧命衰絶周亳社災燒宋人夷誅

家人　陰陽辨舒二姓相合婚姻孔云生我利福

蹇　東入海口循流北走一高一下五邑无主十日六夜死於

水渙

解　孤竹之墟失婦无夫傷於蒺蔾不見其妻東郭棠姜武子以亡

損　天户東墟盡既爲災跰踦躓䟤秦伯受殃

益　賴先休光受福之祉雖遭亂潰獨不危殆

夬　折若閉目不見稚叔三足孤烏遠去家室

姤　二人同室兄弟合食和樂相好各得所欲

萃　繼體守藩縱欲廢賢君臣淫遊夏氏失身側室之門福祿來存

升　老狐屈尾東西爲鬼病我長女坐涕詘指或西或東大華易誘

困　大樹之子百條共母當夏六月枝葉盛茂鸞鳳以庇召伯

避暑穊穊卬甚各得其所

井 井堙木刊國多暴殘秦王失戍壞其太壇

革 駕黃買蒼與利相迎心獲所守不累弟兄

鼎 庚億倉盈年歲安寧稼穡熟成

震 人生馬淵壽老且神飛騰上天舍宿軒轅居常樂安

艮 思顧所之乃令逢時洗我故憂拜我歡來

漸 魁罡所當初爲敗殃君子留連困於水漿求金東山利在代鄉賈市有息子載母行

歸妹 鉛刀攻玉无不鑽鑿龍體其舉魯般爲輔三仁翼事所求必喜

豐 喜來如雲舉家蒙歡衆才君子駕福盈門

旅 響像无形骨體不成徵行衰索消滅無名

巽　積水不温北陸苦寒露宿多風君子傷心

兌　黃馬綠車駕之大都讚達才能使我无憂

渙　從風放火艾芝俱死三害集聚十子患傷

節　一身三手无益於輔兩足共節不能克敏

中孚　南向一室風雨並入塵埃積濕主母盲痺偏枯心疾亂我

家貧

小過　采薇出車魚麗思初上下促急君子懷憂

既濟　先易後否告我利市騷蘇自苦思吾故止

未濟　生宜地乳上皇大喜隆我祉福貴壽无極

蹇之第三十九

蹇　同載共輿中道別去喪我元夫獨與孤居

乾　叔肹拘冤祁子自邑乘遽解患羊舌免脫賴得全生

坤　兎聚東郭衆犬俱獵圍鈌不成无所能獲

屯　作室山根人以爲安一旦崩顛敗我盤飡

蒙　疾風壓起亂擾崩始強大并小先否後喜

需　潔齊沐浴思明君德哀公怯弱風氏復北

訟　土瘠瘦薄培塿无栢使我不樂

師　褰衣涉河水深漬罷賴幸舟子濟脫无他

比　送我季女至于蕩道齊子旦夕留連久處

小畜　三孫六子安无所苦中歲發殆亡我所使

履　揚風偃草塵埃俱起清濁溷散忠直隱處

泰　歷險登危道遠勞疲玄豕自歸困涉大波

否　六藝之門仁義俱存鎡基逢時堯舜爲君傷寒熱温下至黃泉

同人被服文衣遊觀酒池上堂見觴喜爲吾兄使我憂亡
大有生時不利天命災至制於斧瘢晝夜苦勤
謙天門開闢牢戶寥廓桎梏解脫拘囚縱釋
豫川淵難遊水爲我憂多言少實命鹿爲駒建德開基君子逢時利以仲疑
隨鄉歲逢時與生爲期枝葉盛茂君子无憂
蠱六鷁退飛爲衰敗祥陳師合戰左股夷傷遂崩不起霸功不成
臨雷君出裝隱隱西行霖雨不止流爲巨江南國以傷
觀牙孽生齒室蟠啓戶幽人利貞鼓翼起舞
噬嗑火起上門不爲我殘跳脫東西獨得生完不利出鄰病疾憂患

賁　舉事无成不利出征言不可用衆莫能平

剥　老狼白驢長尾大狐前顛却躓進退遇祟

復　日入道極勞者休息班馬還師復我燕室

无妄　林麓山藪非人所處鳥獸无禮使我心苦

大畜　蓄利積福日新其德高氏飲食憂不爲患

頤　張羅百日鳥不得北縮頸掛翼困於窘國君子治德獲譽受福

大過　伯虎仲熊德義淵弘使布五教陰陽順序

坎　跛踦相隨日暮牛罷陵遲後旅失利亡雌

離　羸氏違良使孟尋兵師老不已敗於齊卿

咸　日月並居常暗且微高山崩顛丘陵爲谿

恒　鳥鵲食穀張口受哺蒙被恩德長大成就柔順利貞君臣

合好

遯　雖躓復起不毀牙齒克免平復憂除无疾

大壯　草木黃落歲暮无室虐政為賊大人失福

晉　避凶東走反入禍口制於牙爪骨為灰土

明夷　欲飛不能志苦心勞福不我求

家人　羔裘豹袪東與福遇駕迎吾兄送我鸝黃

睽　東耕破犂西失良妻災害不避家貧无資

解　魚陸失所黽鼃困苦澤无雚蒲晉國以虛

損　脫兔无蹄三步五罷南行不進後市身苦

益　行役未已新事復起姬姜勞苦不得休止

夬　向日揚光火為正王消金厭兵雷車避藏陰雨不行民安其鄉

姤　放銜垂轡奔馬不制弃法作奸君失其位

萃　司命下游喜解我憂皇母緩帶嬰子笑喜

升　黃帝出遊駕龍乘馬東上泰山南過齊魯郡國咸喜

困　既往不說憂來禍結北户爲患无所申雪

井　荷蕢隱名以避亂傾終身不仕遂其潔清

革　折挺春稷君不得食頭癢搔跟无益於疾

鼎　植根不固華葉落去便爲枯樹

震　凶門生患牢户多冤沙池禿齒使叔困貧

艮　登山履谷與虎相觸猬爲功曹班叔奔北脫之喜國

漸　麟鳳所翔國无咎殃賈市十倍復歸惠里

歸妹　路險道難水遏我前進往不利回車復還

豐　延頸望邑思歸其室臺榭不成未得安息

旅　蒙生株瞿棘掛我須小人妬嫉使恩不遂

巽　南至隱域深潛處匿聰明閉塞與死爲伍

兌　機餌設張司暴子良范叔不廉凶害及身

渙　從騎出門遊戲空城阪高不進利无所得

節　西國疆梁爲虎作狼東吞楚齊并有其王

中孚登山代輻虎在我側王孫无懼仁見不賊

小過六月睽睽各欲有望後來未壯俟時旦明

既濟道涉多阪牛馬蜿蟺車不麗載請求不得

未濟一口三舌相妨无益羣羊百牂不爲威強亡馬失駒家耗於財

解之第四十

解　駕行出遊鳥鬬車前更相捽滅兵寇旦來回車亟還可以

无憂

乾　大都之居无物不具抱布貿絲所求必得

坤　膠著木連不出牢關家室相安

屯　孟伯食長懼其畏王賴四蒙五抱福歸房

蒙　防輿疲駟不任銜轡君子服之談何容易

需　許嫁既婚利福在身適惠生桓爲我魯君

訟　入門大喜上堂見母妻子俱在兄弟饒友

師　推車上山力不能任顛蹶蹉跌傷我中心

比　鴈飛退去不食其雛禽尚如此何况人與

小畜　福弃我走利不可得幽人利貞終无怨慝

履　夫妻反目不能正室翁云于南姬言還北並后匹嫡二政亂國

泰　陽衰伏匿陰淫爲賊賴幸王孫遂至喜國
否　入山求玉不見和璞終日至暮勞无所得
同人　鳴鸞四牡駕出行狩合格有獲獻公飲酒
大有　覆手舉牘易爲功力月正元日平飲致福
謙　三火高明雨滅其光高位疾顛驕恣誅傷
豫　畏㮛荷粮與利相逢高飛有德君大獲福
隨　道理和得人不相賊君子往之樂有利福
蠱　水土相得萬物蕃殖膏澤優渥君子有德
臨　天孫帝子與日月處光榮於世福禄繁祉
觀　陪依在位秉非其器折足覆餗毁傷寶玉
噬嗑　鵠飛中退舉事不遂且守仁德猶免失墜
賁　經棘正冠意盈不廉桀紂迷惑讒佞傷賢使國亂煩

剥　申酉退跌陰慝前作柯條花枝復泥不白

復　平正賤使主服苦事

无妄鈞魴河湄水長无涯振手徒帰上下昏迷屬禹公孫齊

大畜胎養萌生始見兆形遭逢雷電摧角折頸采蚉山頭終安

不傾

頤　陽春枯槁夏多水潦霜雹俱擊傷我禾黍年歲困苦

大過三身六齒痛疾不巳齲病蠹缺墮落其宅

坎　失恃无友嘉耦出走傫如喪狗

離　寅重徵民歲樂年息有國无咎君子安喜

咸　登几上車駕駟南遊合散從横燕秦以强

恒　鳥集茂木順柔利貞心樂願得感戴慈母

遯　啓蟄始生萬物美榮祉禄未成市賈无巘

大壯　驕胡犬形造惡作凶无所能成還自滅身

晉　異國他土出良駿馬去如奔䖵害不能傷一作避亡東走反入禍口制於爪牙骨爲灰土

明夷　恪敬竟職心不作慝君明臣忠民賴其福

家人　三女求夫伺候山隅不見復關長思憂歎

睽　駕福乘喜東至嘉國戴慶南行離我室居

蹇　四姦爲殘齊魯道難前驅執殳戒守无患

損　下擾上煩蠢蟲爲患歲飢无年

益　雞雉失雛常畏狐狸黃池要盟越國以昌

夬　堅冰黃鳥終日悲號不見白粒但覩蓬蒿數驚鷙鳥孰爲我憂

姤　王銑鐵順倉庫空虛市賈無盈與我爲仇

萃　竊名盜位居非其家霜隕不實爲陰所賊

升　賊仁傷德天怒不福斬刈宗社失其本域

困　萬物初生蟄虫振起益壽增福日受其喜

井　和氣所在物皆不朽聖賢居位國无凶咎

革　麟游鳳舞歲樂民喜

鼎　行行窘步次宿方舍居安不懼姬姜何憂

震　水深難遊霜寒難涉商伯失利旅人稽留

艮　跛踦相隨日莫牛罷陵遲後旅失利亡雌

漸　一年九鎖更相牽攣寀明如市不得東西請讞得報日中被刑

歸妹　春桃生花季女宜家受福多年男爲邦君

豐　雷鼓東行稼穡凋傷大夫執政君替其明

旅　季世多憂亂國淫遊殃禍立至民無以休

巽一發輗温湯過角宿房宜時布和无所不通

兑　水中大賈求利食子商人至市空无所有

渙　春草萌生萬物數榮陰陽和調國樂无憂

節　左眇右盲目視不明下民多孽君失其常

中孚悦以内安不利出門憂除禍消公孫何尤

小過丹書之信言不負語易我驎驥君子有德

既濟上政搔擾螟蟊並起害我嘉穀年歲无稷

未濟干旄旌旗執職在郊雖有寶珠无路致之

焦氏易林卷第十

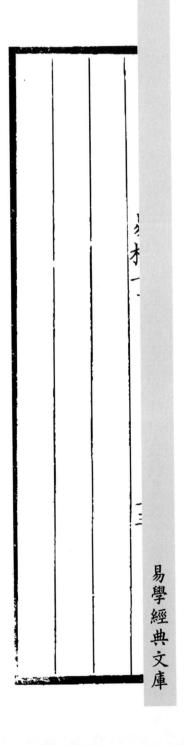

焦氏易林卷第十一

一損之第四十一

損　路多枳棘步刺我足不利孤客爲心作毒

乾　鯉鮒鮪鰕勸福多魚資所有无富我邦家

坤　景星照堂麟遊鳳翔仁施大行頌聲作興征者无明失其寵光 豫之節

屯　羊腸九縈相推稍前止須王孫廼能上天

蒙　四手共身莫失所鬭更相放接動失事便

需　水流趨下逯至東來求我所有買魴與鯉 益之无妄 逯疑作逮

訟　春栗夏棗少鮮希有斗千石萬貴不可販 否之漸

師　旦往暮還相佑與聚无有凶患

比　大虵當路使季畏懼湯火之災切直我膚賴其天幸歸于

生盧 屯之井

小畜從足去域飛入陳國有所畏避深藏遂匿

履海爲水宗聰明且聖百流歸德无有叛逆常饒優足

泰夏麥麩䴸霜擊其芒病君敗國使年大傷 泰之賁

否秋隼冬翔數被嚴霜雄父夜鳴家憂不寧

同人樂仁上德東鄰慕義來安吾國

大有逐憂除殃汚泥生粱下田爲汪

謙暗昧冥語轉相詿誤鬼魅所居誰知卧處

豫南歷玉山東入玉關登上福堂飲萬歲漿

隨比目四翼來安我國福善上堂與我同牀

蠱秉牛逐驥日暮不至路宿多畏亡其騂騅

臨元吉无咎安寧不殆

觀　奮翅鼓翼䎘翔外國逍遥徙倚來帰温室

噬嗑河伯娶婦東山氏女新婚三日浮雲洒雨露我菅茅萬家
之祐

賁　嬰兒求乳慈母帰子黄麑悦喜得見甘飽

剥　貧鬼守門日破我盆毀罌傷瓶空虚無子

復　多載重負損弃於野予無稚子但自勞苦

无妄雄狐綏綏登山崔嵬昭告顯功大福允興

大畜嬰兒孩笑未有所識彼童而争亂我政事

頤　十丸同投爲雉所維獨得跳脱完全不虧

大過狐濟濡尾求橘得枳季姒懐悔鮑舍魚臭

坎　跌足息肩所忌不難金城銅郭以銕爲關藩屏周衛安止
无患

離　戴堯扶禹松喬彭祖西過王母道路夷易无敢難者訟之家人

咸　京庾積聚黍稷以極行者疾至可以厭飽

恒　良天孔姬脅悝登臺樂季不扶叔輒走逃

遯　天之所予福祿常在不憂危殆

大壯　行觸天網馬死車傷身无僇賴困窮乏粮

晉　鉛刀攻玉堅不可得盡我筋力胝蠒爲疾

明夷　穆違百里使孟奮武將軍師戰敗於殽口

家人　有人追亡鳥言所匿不旅日得

睽　府藏之富王以賑貸捕魚河海笱罔多得丶

蹇　鴻飛遵陸公歸不復伯氏客宿

解　鳧過稻廬甘樂廣鮪雖驚不去田畯懷憂

益　雨師娶婦黃岩季子成禮既婚相呼面南膏澤應時年豐

大喜

夬　蓄積有餘糞土不居美哉輪奐出有高車

姤　重門擊柝介士守護終有他道雖驚不懼

萃　大都王市稠人多寶公孫宜賈其貸萬倍

升　秋隼冬翔數被嚴霜甲兵當庭萬物不生雄犬夜鳴民擾以驚

困　招禍致凶來螫我邦痛在手足不得安息

井　秦失其鹿疾走先得勇夫慕義君子變服

革　山陵四塞遏我逕路欲前不得復還故處

鼎　一指食肉口无所得舌饞於腹

震　晨夜驚駭不知所止皇母相佑卒得安處

艮　豺狼所言語无成全誤我白馬使乾口來

漸　呼精靈來鬼生无憂疾病愈瘳解我患愁

歸妹　牧羊逐兔使魚相捕任非其人卒歲无功不免辛苦

豐　堂祥上樓與福俱居席地妃治國安无憂

旅　禹召諸神會稽南山執玉萬國天下康安

巽　太姒文母乃生聖子昌發受命為天下主

兌　兩置同室兔无誰告與狂相觸蒙我以惡

渙　桃雀竊脂巢於小枝動搖不安為風所吹寒恐悚慄常憂殆危

節　陽春長日萬物華實樂有利福（一作春陽盛長萬物成實福利所鍾忻忻過日）

中孚　鄰不我顧而望玉女身疾瘡癩誰肯媚者

小過　涸旱不雨澤竭无流魚鱉乾口皇天不憂

既濟　狼虎之鄉日爭凶訟受性貪饕不能容縱

未濟陰注陽疾水離其室舟楫大作傷害黍稷民飢於食亦病心腹

益之第四十二

益　文王四乳仁愛篤厚子畜十男无有折夭

乾　下堂出門東至九山逢福値喜得其安閑

坤　城上有烏自名破家招呼鴆毒爲國患災

屯　伯虎仲熊德義淵閑使數五教陰陽順序

蒙　飲酒醉酣跳起争鬬手足紛拏伯傷仲僵東家治喪

需　四目相視稍近同機日昳之後見吾伯姊

訟　隨時逐便不失利門多獲得福富於封君

師　隴西冀北多見駿馬去如焱飈害不能傷

比　白龍黑虎起伏俱怒蚩尤敗走死於魯首　同人之比　蒙之坎

小畜 鴻飛戾天避害紫淵雖有鋒門不能危身

履 平國不君夏氏作亂烏號竊發靈公隕命

泰 江漢上遊政逆民憂陰伐其陽雄受其殃

否 東家殺牛聞臭腥臊神怒不顧命衰絶周亳社灾燒妄夷

誅愁

同人 西誅不服恃強負力倍道趍敵師走敗覆

大有 一婦六夫亂擾不治張王季疾莫適爲公政道壅塞周君

失邦

謙 配合相迎利之四鄉昏以爲期明星煌煌欣喜爽澤所言

得當

豫 猿墮高木不踒手足握金懷玉還歸其室 蒙之隨 訟之艮 否之臨

隨 卷領遁世仁德不害三聖攸同周國茂興 需之震

蠱　去患脫厄安无怵惕上福喜堂見我懽悅

臨　帶季兒良明知權兵將師合戰敵不能當趙魏以強

觀　鵠思其雄欲隨鳳東順理羽翼出次須日中留北邑復反其室

噬嗑　耳如驚鹿不能定足室家分散各走匿竄

賁　甲乙丙丁俱位我庭三丑六子入門見母

剝　躡華顛觀浮雲風不搖雨不薄心安吉无患咎

復　德施流行利之四鄉雨師洒道風伯逐殃巡狩封禪以告成功

无妄　水流趨下遂成東海求我所有買鱣與鯉 損之需

大畜　和氣相薄膏潤津澤生我嘉穀

頤　憂驚以除禍不成災安全以來

大過堅氷黃鳥常哀悲愁不見白粒但覩藜蒿數驚鷙鳥飄爲我憂

坎　翕翕輷輷實隊磊顛滅其命身泰之謙否之離

離　因禍致福喜盈其室

咸　隹居千里不見河海无有魚市

恒　鹿得美草鳴呼其友九族和睦不憂飢乏同人之蹇

遯　出門得堂不逢禍殃入户自若不見矛戟

大壯罍尊重席命戎嘉客福祐久長不見禍殃

晉　鳴鴻俱飛北就魚池鱣鮪鰋鯉多饒所有一笱獲兩利之過倍

明夷當風奮翼與鳥飛北入我嘉國見吾慶室

家人麒麟鳳凰善政得祥陰陽和調國无災殃

睽　逐狐東山水遏我前深不可涉失其後便

蹇　丑戌亥子飢饉前生陰陽暴客水絕我食

解　狐狸雉兎畏人逃去分走竄匿不知所處

損　桀跖惡人使德不通炎旱爲殃年穀大傷

夬　兎乳在室行来雀食虎諆我子長號不已

姤　土階明堂禮讓益興雄一相得使民无疾疾一作疢

萃　送金出門并失玉丸往來井上破甕壞盆

升　諷德誦功美周盛隆加其旦輔光濟冲人

困　盜竊滅身貳毋不親王后無當無鐵貝寶靈

井　六目睽睽各欲有至專心不合衆使得且明

革　雀行求粒誤入罟罭賴仁君子復脫歸室

鼎　仁德孔明患禍不傷期誓不至室人銜恤

震：龜厭江海陸行不止自令枯槁失其都市雖憂無咎

艮　孤獨特處莫依爲輔心勞志苦

漸　伯仲言留叔子云去雖自无咎主母大喜

歸妹　初憂不安後得笑懽雖懽无患

豐　好戰亡國師不以律稱上殞墜齊侯很戾其被災祟

旅　鹿在澤陂豺傷其麑泣血獨哀

巽　天地閉塞仁智隱伏商旅不行利潤難得

兌　福德之士歡悅日喜夷吾相桓三歸爲臣賞流子孫

渙　上无飛鳥下乏走獸亂擾未治民勞於事

節　據斗運樞順天无憂與樂並居　謙之觀

中孚　戴瓶望天不見星辰顧小失大福逃廬外

小過　月削日衰工女下機宇宙滅明不見三光

既濟 操戟刺魚被髮立憂虎脫我衣狼取我袍亡馬失財

未濟 兩人俱醉相與悖戾心乖不同爭訟匈匈

夬之第四十三

夬 戴堯扶禹松喬彭祖西過王母道里夷易无敢難者

乾 狼戾美謀无言不殊允厭帝心悅以獲佑

坤 歲暮花落陽入陰室萬物伏匿絕不可得

屯 雞鳴失時君騷相憂犬吠不休行者稽留

蒙 鳧鷖遊涇君子以寧履德不愆福祿來成

需 薄為藩蔽勁風吹却欲上不得復歸其宅

訟 東行破車步入危家衡門垂倒无以為主賣袍續食糟糠不飽

師 青牛白咽呼我俱田歷山之下可以多耕歲稔時節民人

夬

安寧

比　異國殊俗情不相得金木爲仇百賊擅殺

小畜　陰陽精液髙熟晚拆治卵成鬼肇生頭目日有大喜

履　飢蠱作害偏多亂纏緒不可得

泰　清冷如雲爲兵導先民人寬急不知西東

否　班馬旋師以息勞疲役夫嘉喜入户見妻

同人　坐爭立訟紛紛匈匈卒成禍亂灾及家公

大有　鹿食美草逍遥求飽日暮後門過期乃還肥澤且厭

謙　田鼠野雞意常欲去拘制籠檻不得搖動

豫　月趍日步周遍次舍歷險致遠无有難處

隨　天孫帝子與日月處光榮於世福祿祉祉

蠱　晨風文翰大舉就温昧過我邑羿无所得

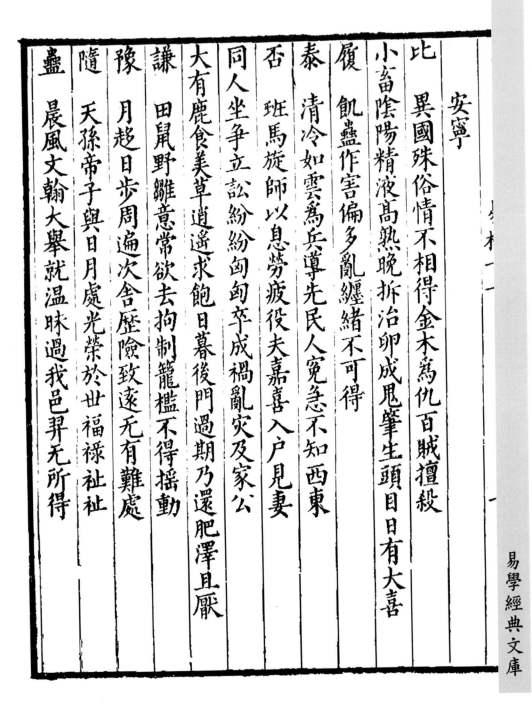

臨　旦生夕死名曰嬰鬼不可得視

觀　疾貧望仕使伯南販開牢擇羊多得大牂

噬嗑　長城驪山生我大殘涉叔發難唐叔爲患

賁　娶於姜呂駕迎新婦少齊在門夫子歡喜

剥　隨時春草舊枝葉起扶疎條桃長大美盛華沃鑠舒

復　姬姜既歡二姓爲婚霜降合好西施在前

无妄　戴笠獨宿晝不見日勤苦无代長勞悲思

大畜　始加元服二十繫室新婚既樂伯季有得

頤　二室靈臺文所止遊雲物備故長樂无憂

大過　久陰霖雨塗行泥潦商人依山市空无有

坎　城壞壓境數爲齊病侵伐不休君臣擾憂上下屈竭士民

無財

離〻南國盛茂黍稷醴酒可以饗養樂我嘉友

咸〻憂在心腹內崩爲疾禍起蕭墻意如制國

恒一朽根刖樹花葉落去卒逢火焱隨風僵仆

遯　樹表爲壇相與期言午中不會寵名弃廢

大壯四足俱走奴疲在後德戰不勝敗於東楚

晉　執轡西朝回還故處麥秀傷心叔父无憂

明夷長夜短日陰爲陽賊萬物空枯藏於北陸

家人鳴鳩七子均而不殆長大成就弃而合好

睽　三羊上山馳至大原黃龍負舟遂到夷傷究其玉囊

蹇　手足易處頭尾顛倒公爲雌嫗亂其蚕織

解　登高望家役事未休王政靡盬不得逍遥

損　畏昏不行候待旦明燎獵受福老賴其慶

益 孤獨特處莫依无輔心勞志苦

姤 山石朽破消崩墮墜上下離心君受其祟

萃 文母聖子無疆壽考爲天下主人受其福

升 倔偲加俄前後相違言如鱉咳語不可知

困 五龍俱超強者敢走露我苗稼年歲大有

井 虎除善猛難爲功醫驥疲羸車困於銜箠

革 江南多蝮螫於手足寃煩詰屈痛徹心腹

鼎 心无所據射鹿不得多言少實語成无事

震 君明主賢鳴求其友顯德之政可以履事

艮 安上宜官一日九遷踰羣越等牧在常山

漸 俊辯解謝除去垢汚鷩之成患嬰氏醳殘

歸妹 翁狂嫗盲相牽北行欲歸髙邑迷惑不得

豐 醉卧道傍迷旦失明不全我生

旅 北登鬼丘駕龍東遊王叔御后文武何憂

巽 恬淡无患遊戲道門與神往來長樂以安

兌 以緡易絲抱布自媒弃禮急情卒罹悔憂

渙 被服大冠遊戲道門以禮相終身无殃患

節 大麓魚池陸爲海涯君子失行小人相携

中孚 淵泉溢出爲我邑巢道路不通孩子心憒

小過 十里望烟散渙四分形體滅亡可入深淵終不見君

既濟 傳言相誤非奸徑路鳴鼓逐狼不知迹處

未濟 東失大珠西行弃襦時多不利使我後起

姤之第四十四

姤 河伯大呼津不可渡往復爾故乃无大悔

乾　蒙被恩德長大成就柔順利貞君臣合好

坤　東山西山各自止安心雖相望竟不同堂

屯　登山上谷與虎相觸猬爲功曹班叔奔北脫之嘉國

蒙　蹟跛未起失利後市

需　結珠懷履卑斯以鬼爲君奴婢

訟　雞鳴失時民僑勞苦罷吠有威行者留止

師　陳嬀敬仲示兆興姜乃寓營丘八世大昌　屯之噬嗑　比之豫

比　鹿畏人匿俱入深谷短命不長爲虎所得死於牙腹

小畜　言无約結不成契券殷叔季女公孫爭之強入委禽不悅於心乃適子南

履　鼓瑟歌舞懽遺於酒龍喜張口大喜在後

泰　凶憂災殃日益章明禍不可救三郤夷傷

否　水流趨下遂成東海求我所有買鱣與鯉
同人陰爲陽賊君不能尅舉動失常利无所得
大有雞床失案龜喪其顧都市无會叔季懷恨
謙　壅遏隄防水不得行火愼陽光陰霓伏藏走歸其鄉
豫　躄屈復伸本秉浮雲貴寵毋前
隨　實沉參虛以義斷割次陸服薪成我霸功
蠱　金泉黃寶宜與我市娶嫁有息利得過毋
臨　禹召諸侯會稽南山執玉萬國天下康寧
觀　三虫作蠱踐跡无與勝毋盜泉君子不處
噬嗑花葉墮落公歸嫗宅夷子失民潔白不食
賁　履機懼毀身王子廢終得所欲无有凶害
剝　道理和德仁不相賊君子攸往樂有利福

復　合匏同牢姬姜並居

无妄　關雎淑女賢妃聖偶宜家壽母福祿長久

大畜　騏驥晚乳不知子處旋動悲鳴痛傷我心

頤　智嵩絕理陰孽謀生十日不食困於申亥必喜

大過　監諸攻玉无不穿鑿麟鳳成形德象君子三仁翼事所求

坎　昧暮乘車以至伯家踰梁渡河濟脫无他

離　吾有黍粱委積外場有用服箱運致我藏富於喜粮

咸　喜笑且語不能掩口官爵並至慶賀盈户

恒　霧露雪霜日暗不明陰孽生疾年穀大傷

遯　伯去我東髮擾如蓬寤寐長歎展轉空牀內懷悵恨摧我肝腸

大壯亡羊補牢毋損於憂

晉　販鼠賣卜利少无謀難以得家

明夷西戎爲疾幽君去室陳子發難項伯成就

家人秋風生哀花落生悲公室多難羊舌氏衰

睽　持福厭患去除天殘日長夜盡喜世蒙恩

蹇　新授大喜福復重來樂且日富是惟豐財

解　前頓却躓左跌右逆登高安梯復反來歸

損　夢飯不飽酒未入口嬰女雖好媒鴈不許

益　大都王市稠人多寶公孫宜賈資貨萬倍

夬　兩人俱醉相與悖戾心乖不同爭訟匈匈

萃　身无頭足超蹠空乖不能遠之中道廢休失利後時

升　三人俱行六目光明道逢淑女與我驥子

困 進仕爲官不若復田獲壽保年

井 先易後否失我所市騷蘇自苦思吾故土

革 蘇氏發言韓魏无患張子馳説燕齊以安

鼎 武庫軍府甲兵所聚非里邑居不可舍止師之蹇

震 一身三口莫適所與爲孺子牛田氏主咎

艮 西山東山各自止安心雖相望竟未上堂

漸 不改柯葉和氣中適君子所在安无怵惕

歸妹 將戌擊亥陽藏不起君子散亂太山危殆

豐 天官列宿五神舍室宮闕完堅君安其居

旅 左手把水右手把火如光與鬼不可得從

巽 逐狐東山水遏我前深不可涉失利後便

兌 水漬魚室來灌吾邑衝没我家與狗俱遊

渙、山險難登澗中多石車馳轄擊重載傷軸擔負善躓跌踒

右足

節　槽空无實豚彘不食庶民𧈪竭離其居室

中孚執熱爛手火爲災咎公孫无賴敗我玉寶

小過三虎上山更相噬囓心志不親如仇與怨

既濟西家嫁子借隣送女嘉我淑姬賓主俱喜

未濟克身潔己逢禹巡狩錫我玄圭拜受福祉

焦氏易林卷第十一

焦氏易林卷第十二

萃之第四十五

萃　蒙慶受福有所獲得不利出城病人困棘

乾　碩鼠四足飛不上屋顏氏淵德未有爵禄

坤　新受大喜福履重職樂且日富

屯　壯身整已逢禹巡狩錫我玄圭拜受福祉

蒙　置筐失筥輪破无輔家伯爲政病我下土

需　機言不發頑不能達齊魯爲仇亡我葵丘

訟　亡錐失斧公輸无輔抱其彝器適君子處

師　家在海隅橈短深流伯氏難行无目以趨

比　德施流行利之四鄉雨師洒道風伯逐殃巡狩封禪以告成功

小畜　筐傾筥覆喪我公粒簡伯无禮太師正食

履　泥滓汚辱弃捐溝瀆爲衆所笑終不顯祿

泰　獼猴兎走腥臊少肉漏巵承酒利无所得

否　一鹿畏人藏俱入深谷命短不長爲虎所得死於牙腹

同人　南山蘭芝君子所有東家淑女生我玉寶

大有　左指右揮邪佞侈靡執節无良靈君以亡

謙　鬱怏不明爲濕所傷衆陰羣聚共奪日光

豫　穿鼻繫棘爲虎所拘王母祝禱禍不成災突然脫來

隨　貧鬼守門日破我盆毀罌傷缸空虛无子

蠱　襄王叔帶鄭人是賴莊公卿士皇母憂苦

臨　昭君死國諸夏蒙德異類既同宗我王室

觀　冬數枯腐常風於道蒙被塵埃左右勞苦

噬嗑六爻既立神明喜告文定吉祥康叔受福

賁、泣涕長訣我心不快遠送衛野歸寧无子

剥 三宿无主南行勞苦東里失利喪其珍寶本卦遯同

復、大斧破木讒佞敗國東閭梁王禍及三子晉人亂邑懷公出走

无妄乘風上天爲時服軒周旋萬里无有患難

大畜大樹百根北與山連文君作人受福萬年

頤 陽伏在下陰制祐福生不逢時潛龍隱處

大過亂頭多憂掻虱生愁膳夫仲尹使我无聊

坎 江河淮海天之都市商人受福國家富有

離、泰山幽谷鳳凰游宿威儀有序可以來福

咸、山水暴怒壞梁折柱稽難行旅留連愁苦

恒 阿衡服箱太一載行廵時歷舍所之吉昌

遯 三宿无主南行勞苦東里失利喪其珍寶本卦剥同

大壯 生无父母出門不喜買菽失粟亡我大乘

晉 安坐玉堂聽樂行觴飲福萬歲日受無疆

明夷 登危入厄四時變易春霜變雪物皆凋落

家人 衣穴履穿无以禦寒細小貧窶不能自存

睽 目不可合憂來搔足悚惕恐懼去其邦域

蹇 賫貝贖狸不聽我辭繫於虎鬚牽不得來

解 伯夷叔齊貞廉之師以德防患憂禍不存聲芳後時

損 張王子季爭財相制商君頑嚚不知所申

益 長城既立四夷賓服交和結好昭君受福

夬 千歡萬悅舉事爲決獲受嘉慶動作有得

姤　種一得十日益有息仁政獲民四國睦親

升　安子富有東國不殃齊鄭和親顯比以喜

困　九里十山道仰峻難牛馬不前復反來還

井　鳩杖扶老衣食百口增添壽考凶惡不起

革　霧露雪霜日暗不明陰孽爲疾年穀大傷

鼎　迷行數邪不知東西陰強暴逆道理不通

震　登高上山見王自言信理我冤得職蒙恩

艮　一三世爲德天祚以國封建少昊魯侯之福

漸　喬木无息漢女難得橘柚請佩反手難悔

歸妹　東隣西家來即我謀中告吉誠使君安寧

豐　褰衣出户心欲北走王孫毋驚使我長生

旅　三日不飲遠水无酒晝夜焦喉傷鬼爲咎

巽　衆口銷金愆言不驗腐臭敗兎入市不售

兊　姬冠應門與伯爭言東家失狗意我不存爭亂忘因絕其所歡

渙　祚加明德與我周國公劉文母福流子孫

節　針頭刺手百病瘳愈抑按捫灸死人復起

中孚元龜象齒大賂爲寶稽疑當否衰微復起

小過故室舊廬消散无餘不如新創可以樂居

旣濟老狐多態行爲蠱怪驚我主母終无咎悔

未濟愛子多材起迹空虛避遁害如神水不能濡

升之第四十六

升　禹鑿龍門通利水泉東注滄海民得安全

乾　白鹿鳴呦呼其老小喜彼茂草樂我君子

坤　百里南行雖微得明去虞適秦爲穆國卿

屯　王宜孫喜張名益有龍子善行西得大壽

蒙　畫龍頭頸文章不成所求不得失利後時

需　商子无良相怨一方引剛交争咎自以當

訟　衰老困極无齒不食痔病瘠瘵就陰爲室

師　鳶生會稽稍巨能飛翱翔桂林爲衆鳥雄

比　安平不傾載福長生君子以寧

小畜　牛驥同槽郭氏以亡國破爲墟君奔走逃

履　日中明德盛興兩國仁聖會遇君受其福臣多榮禄

泰　公劉之居太王所業可以長生拜受福爵

否　時凋歲霜君子疾病宗女无辜鄭受其殃

同人　濟河踰阨肮毋怵惕四叔爲衛使惠不廢

大有　鈌破不完殘瘵側偏公孫幽遏跛踦後門

謙　延頸遠望昧爲目病不見叔姬使伯憂心

豫　上无飛鳥下无走獸擾亂未清民勞於事

隨　久陰霖雨塗行泥潦商人休止市空无有

蠱　盲者張目跛踦起行瞻望日月與王相迎

臨　據斗運樞高步六虛權既在手寰宇可驅國大無憂與樂並居

觀　稼穡不偏重過不傾巧言賊忠傷我申生

噬嗑　金城鋘郭上下同力政平民親寇不敢賊

賁　目鏡不明冬災大傷盜花失實十年消亡

剝　鰥寡孤獨命祿苦薄入室无妻武子悲哀

復　飲酒醉飽跳起爭鬬伯喪叔僵東家治喪

无妄介紹微子使君不殆二國合歡燕齊以安

大畜牽牛繫尾詘折幾死彫世无仁不知所在

頤　東龍宛獨不知所觸南北困窮王子危急

大過疾貧王孫北陸无禪禄命苦薄兩事孤門

坎　公孫駕驪載遊東齊延陵說産遺季紵衣

離　王良善御伯樂知馬文王東獵獲喜聖事開福佑賢周發興起

咸　日月不居重耳趍舍遊燕入秦晉國是覇

恒　假文翰翼隨風偕北至虞夏國興愛相得年歲大樂邑无盜賊

遯　南行無遯延頸後食舉止失利累爲子孫

大壯開元作喜建造利事平準貨寶海内殷富

晉　三犬俱走鬬於谷口白鸗不勝死於坂下

明夷驕胡犬形造惡作凶无所能成還自滅身

家人拜跪贊辭无益於尤大夫頑嚚使我生憂

睽　辰以降婁王駕巡狩廣佑施惠萬國咸喜

蹇　牽瑜上樓與福俱居勞躬治國安樂无憂

解　白鳥銜餌鳴呼其子挾施張翅來從其母

損　盲聾獨宿莫與共食老窮於人病在心腹

益　登木出淵稍上升天明德孔聖白日載榮

夬　彭離濟東遷廢上庸狠戾无節失其寵功

姤　讚陽上舞神明生氣拜禹受福君施我德

萃　從首至足部分爲六室家離散逐南乞食

困　民迷失道亂我統紀空使乾革賓无所有

井　刻畫爲飾媄毋無鹽毛嬙西施求事必得

革　居諸日月遇暗不明長夜喪中絶其紀綱

鼎　衣裳顛倒爲王來呼成就東國封受大休

震　當變立權摘解患難渙然冰釋六國以寧

艮　西戎獯鬻病於我國扶陜之岐以保乾德

漸　南行逐羊予利喜亡陰孽爲病復返其邦

歸妹　遊戲仁德日益有福凶言不至妖孽滅息

豐　春日新婚就陽曰溫喜樂萬歲獲福有年

旅　陰升陽伏舜失其室相飾不食安巢如棘

巽　臣尊主卑威權日衰侵奪无光三家逐公

兌　反言爲賊戎女生患亂吾家國父子相賊

渙　迎福開戶喜隨我後康伯愷悌治民以禮

節　日就月將昭明有功靈臺歡賞膠鼓作人
中孚　百草嘉卉萌芽將出昆虫扶户陽明得所
小過　天所佑助萬國日有福至禍去壽命長久
既濟　窮夫失占惟守斃廬初憂中懼終日兢兢无悔无虞
未濟　買玉得石失其所欲荷蕢擊磬隱世无聲

困之第四十七

困　席多針刺不可以卧動而有悔言行俱過
乾　烏鵲食穀張口受哺蒙被恩德長大成就柔順利貞君臣合好
坤　六鷁退飛為襄敗祥陳師合戰右股夷傷遂以蹇崩霸功不終
屯　蒯聵出走驚惶悼恐白虎王孫蓐收在後居中无咎

蒙　庇廬不明使孔德妨女孽亂國虐政傷仁

需　石鼠四足不能上屋顏氏淑德未有爵祿

訟　襄送季女至於蕩道齊子旦夕留連久處

師　麞鹿逐牧飽歸其居還反次舍樂得自如

比　望尚阿衡太宰周公藩屏湯武立爲侯王

小畜開廓洪緒王迹所基報以八子功得俟時

履　八會大都饒富有餘安民利國可以長居八疑當作入

泰　陰雲四方日在中央人雖昏霿我獨昭明

否　薄爲災虐風吹雲却欲上不得復歸其宅

同人昭昭略略非忠信客言語反覆以黑爲白

大有三女爲姦俱遊高園背室夜行與伯笑言禍及乃身寃死

誰禱

謙　涉尸留鬼大斧所視文昌司過簡公亂死

豫　大足長股利出行道困倉充盈蹠齒善市宜錢富家事得萬倍

隨　筐筥錡釜可活百口伊氏鼎俎大福所起

蠱　升高登虛欲有望候駕之北邑與喜相扶

臨　用彼嘉賓政平且均螟蟲不作民得安寧

觀　桃夭少葉婚悅宜家君子樂胥長利止居

噬嗑　東行失旅不知所處西埽无妃莫與笑語

賁　玩好亂目巧聲迷耳賊敗貞良君受其咎

剝　明德孔嘉萬歲无虧駕龍巡狩王得安所

復　同本異葉樂仁尚德東鄰慕義來興吾國

无妄　戴山崔嵬曰高无頹君主好德賜以家國

大畜築室合歡千里无患周公萬年佑我二人

順 養雞生雛畜馬得駒明堂大學君子所居

大過雷行相逐无有休息戰于平陸爲夷所覆

坎 委蛇循河北至海涯涉歷要荒君世无他

離 鴻聲大視高舉神化背昧向明以道福功

咸 比目四翼來安吾國福喜上堂與我同床

恒 先縠彘季反謀桓子不從元帥遂行挑戰爲荊所敗

遯 三頭六足欲盜東國顏子在邇禍滅不成

大壯緣山升木中墮於谷子輿失勞黃鳥哀作

晉 南有嘉魚駕黃取鱗魴鯉瀰瀰利來无憂

明夷遂氣作雲蒙覆大君塞聰閉明殷人賈傷

家人舉翅攄翼跂望南國延頸卻縮未有所得

睽　坎中蝦蟆乍盈乍虛三夕二朝形消无餘

蹇　僮子射御不知所定質疑著龜孰知所避國安土樂宜利
止居兵寇不至民无騷擾

解　陰淫寒疾水離其室舟楫大作傷害黍稷民飢於食不无
病厄

損　離友絶朋巧言讒匿覆白汚玉顔叔哀哭

益　童女无媒不宜動搖安其室廬傅毋何憂傅一作傍

夬　作凶作患比撽困貧東與禍連傷我老根

姤　東南其户風雨不處瞴睍仁人父子相保

萃　被髮獸心難與比隣來如飄風去似絶絃爲狼所殘

升　天覆地載日月運照陰陽允作方內四富

井　禁亂无道民散不聚背室棄家君孤出走

革　申酉稷射隂慝萌作柯蔭截牧泥塗不白

鼎　踝踵足傷右指病瘍失旅後時利走不來

震　四足俱走駑疲在後戰既不勝敗於東野

艮　塗行破車醜女无媒莫適爲耦孤困獨居

漸　搏髀大笑不知憂懼開立大路爲主所召

歸妹　伯圭東行與利相逢出既遭昧䀛不相知憂不成凶

豐　東行賊家鄭伯失辭國无貞良居受其殃

旅　前屈後曲形體𩟫急絞黒大索困於清室

巽　鼓腋大喜行婚飲酒嘉彼諸姜樂我皇考

兌　國將有事狐嘈向城三日悲鳴邑主大驚

渙　明德克敏重華貢舉放勳徵用公哲蒙佑

節　秋隼冬翔數被嚴霜甲兵充庭萬物不生雄父夜鳴民大

擾驚

中孚絲紵布帛人所衣服摻摻女手紡績善織南國饒足取之

有息

小過鳳有十子同巢共母仁聖在位懽以相保與彼周曾

既濟雄雞不晨雌雞且伸志庇心離三旅出哀

未濟光杷春成陳寶雞鳴陽烏失道不能自守消亡無咎舉事不成

自取凶咎

井之第四十八

井　蹪跛未起失利後市不得鹿子

乾　左輔右弼金玉滿堂常盈不亡富如敖倉

坤　兩師娶婦黃岩季子成禮既婚相呼而歸潤澤田里

屯　螟虫爲賊害我稼穡盡禾殫麥秋無所得

蒙　跛躃難步遲不及舍露宿澤陂亡其襦袴

需　大夫行父无地不涉爲吾相土莫如韓樂可以居止長安

富有

訟　少孤无父長失慈母悖悖煢煢莫與爲福

師　側弁醉客重舌作凶披髮夜行迷亂相誤亡失居止

比　馬驚破處王孫沉溝身死寃去自爲患害

小畜東行述職征討不服侵齊伐陳銜璧爲臣大得意還

履　百足俱行相輔爲強三聖翼事王室寵光

泰　本根不固華葉落去更爲孤嫗

否　牧羊稻園聞虎喧喧畏懼休息終无禍焉

同人履位乘勢靡有絶敵爲隷所圖與衆庶位

大有大輿多塵小人傷賢皇甫司徒使君失家

謙 安和泰山福祐屢臻雖有狼虎不能危身

豫 同氣異門各別東西南與凶遇北傷其孫

隨 蜆見不祥禍起我鄉行人畏亡使命不通

蠱 无事招禍自取災殃畜狼養虎必見賊傷

臨 順風吹火牽騎驥尾易爲功力因權受福

觀 五岳四瀆沾濡爲德行不失理民賴恩福

噬嗑 延陵聰敏樂聽太史雞鳴大國姜氏受福

賁 神鳥五色鳳凰爲主集於王谷使君得所

剥 媒妁先明雖期不得齊女長子亂其紀綱

復 明月作晝大人失居衆星宵亂不知所據

无妄 少康興起誅澆復祖微滅復明大禹享祀

大畜 千門萬户大福所處黃屋左纛龍德獨有

頤　乾作聖男坤爲智女配合既成長生得所

大過　羿張烏號彀射驚狼鐘鼓夜鳴將軍壯心趙國雄勇鬬死滎陽

坎　炙魚銅斗張伺夜鼠不忍香味機發爲祟祟在頭頸笮不得去

離　高飛不視貪叨所在臭腐爲患自害躬身一作竊位貪禁內污外清時時暫過日日禍生

咸　鉛刀攻玉堅不可得單盡我力齒爲疾賊

恒　方喙宣口聖智仁厚釋解倒懸家國大安

遯　踟躕南北誤入喪國杜季利兵傷我心腹

大壯　公孫之政惠而不煩喬子相國終身无患

晉　弧矢大張道絶不通小人寇賊君子壅塞

明夷藏戟之室封豕受福充澤肥腯子孫蕃息

家人八子同巢心勞相思雖苦无憂

睽 循理舉手舉求取予六體相摩終无咎殃

蹇 王子公孫把紘攝丸發輙有獲家室饒足

解 井者有悔渴蜺爲怪不亟徙鄉家受其殃

損 鄭會細元缺國亂失頃弘明早見止樂不聽

益 穿室鑿墻不直生訟褰衣涉露雖勞无功

夬 脫卯兎乳長大成就君子萬年動有利得

姤 五心乖離各引是非莫適爲主道路塞壅

萃 百桂載梁千歲不僵大願輔福文武以昌

升 營城洛邑周公所作世逮三十年歷七百福佑封實堅固不落

困　牛耳聾蔽不曉聲味委以鼎俎方始亂潰

革　從叔旅行食於東邑嘉伯悅喜與我芝香

鼎　訾娵開門鶴鳴彈冠文章進用舞韶和鸞三仁翼政國无災殃

震　遊魔六子百木所起三男從父三女隨母至巳而反各得其所

艮　南山蘭茝使君媚好皇女長婦多孫衆子

漸　黄虹之野賢君在位榮叚爲相國无災殃

歸妹　穿鑿道路爲君除舍開闢福門喜在我鄰

豐　商風數起天下昏晦旱魃爲虐九士兵作

旅　自衛歸魯時不我與氷炭異室仁遭隔塞

巽　元缺此行

兌　六虵奔走俱入茂草驚於長注畏懼啄口

渙　元缺此行

節　避虵東走反入虎口制於爪牙骨爲灰土

中孚　頃迭不行弱足善僵孟縶无良失其寵光

小過　十羊俱見黃頭爲首歲美民安國樂无咎

既濟　望風入門來到我隣餔吾養均

未濟　登高車反視天彌遠虎口不張害賊消亡

焦氏易林卷第十二

焦氏易林卷第十三

革之第四十九

革　馬服長股宜行善市蒙祐諧偶獲金五倍

乾　高履峻山陸土少泉草木林麓嘉得所蓄

坤　一門二關結緝不便峻道異路日暮不到

屯　憂禍解除喜至慶來坐立懽門與樂爲隣

蒙　踈類異路心不相慕牝牛牡猳鰥无室家

需　太王爲父王季孝友文武聖明仁政興起旦隆四國載福綏厚

訟　臨河求鯉燕婉失餌屏氣攝息不得鯉子

師　買利求福莫如南國仁德所在金玉爲寶

比　白虎赤憤鬭觀王庭宮闕被甲大小出征天地熉憒育不

能嬰

小畜　子車鍼虎善人危殆黃鳥悲鳴傷國无輔

履　兩目失明日暮无光脛足跛步不可以行頓於丘傍

泰　羅網四張鳥无所翔伐征困極飢窮不食窮一作寒

否　伯夷叔齊貞廉之師以德防患憂禍不存歸妹之臨泰之乾比之剝

同人　疾貧望幸使伯行販開牢擇羊多得大牂夬之觀否之坎

大有　南山之陽華葉鏘鏘嘉樂君子爲國寵光

謙　東壁餘光數暗不明主母嫉妬亂我業事

豫　迷行晨夜道多湛露霑我袴襦重不可涉

隨　目瞤足動喜如其願舉家蒙寵

蠱　鷹鷂欲食雉兎困急逃頭見尾爲害所賊

臨　鼻移在項枯葉傷生下朽上榮家擾不寧失其金城

觀 飛不遠去法爲罔待祿養未富

噬嗑倒基敗宮重舌作凶被髮長夜迷亂相誤深亡吉居

賁 亥午相錯敗亂緒業民不得作

剥 野麋畏人俱入山谷命短不長爲虎所得死於牙腹

復 秋冬探巢不得鵲鶵銜指北去愧我少姬觀之屯

无妄雙鳧俱飛欲歸稻池經涉萑澤爲矢所射傷我胷臆履之屯咸之比

大畜天門開闢牢户寥廓桎梏解脱拘囚縱釋小畜之泰蹇之謙

頤 尼父孔丘善釣鯉魚羅釣一舉得獲萬頭富我家居漸之明夷

大過彭君爲妖暴龍作災盜堯衣裳聚跖荷兵青禽照夜三日夷亡

坎 華言風語亂相狂誤終无凶事安寧如故咸之頤

離 逃頸見足身困不辱欲隱避仇爲害所賊

咸　无足斷跟居處不安凶惡爲殘

恒　三人俱行北求大牂長孟病足倩李負囊柳下之貞不失我糧

遯　退飛見祥傷敗毀墜守小失大功名不遂

大壯持心懼怒善數搖動不安其處散災府藏无有利得

晉　牽尾不前逆理失臣惠朔以奔

明夷祿如周公父子俱封

家人吾有八人信允篤誠爲堯所舉

睽　久陰霖雨泥塗行潦商人休止市空无寶夬之大過

蹇　无足斷跟居處不安凶惡爲殘

解　馬蹄躓車婦惡破家青蠅汚白恭子離居

損　噂噂所言莫如我垣懽樂堅固可以長安乾之困大有之屯

盁 懿公淺愚不深受謀无援失國爲狄所賊

夬 騏驥綠耳章明造父伯夙奉獻襄續厥緒佐文成伯爲晉元輔

姤 駕車入里求鮮魴鯉非其肆居自令後市

萃 求麞嘉鄉惡地不行道止中遷復反其牀

升 仗鳩負裝醉卧道傍不知何公竊我錦囊

困 登崑崙入天門過糟丘宿玉泉同惠歡見欣君 比之姤 震之革

井 水爲火壯患厭不起季伯夜行與喜相逢

鼎 鳥孫氏女深目黑醜嗜欲不同過時无耦

震 子鉏執麟春秋作元陰聖將終尼父悲心 豫之大有

艮 灼火泉原釣魴山巔魚不可得炭不可燃 鼎之旅

漸 天馬五道炎火久處往來上下非文鈞已衣裘絲麻相隨

在歌凶惡如何

歸妹鶂鶂破斧冲人危殆頼旦忠德轉禍爲福傾危復立 否之蠱

豐　杜飛門啓憂患大解不爲身禍

旅　石門晨開荷蕢疢貧遁世隱居竟不逢時

巽　兎聚東廊衆犬俱獵圍缺不成无所能獲

兊　三羊群走雉兎驚駭非所畏懼自令勞苦

渙　羽翮病傷无以爲強宋公德薄敗於水泓

節　姬姜雅叔三人偶食論仁義福以安王室

中孚精誠所在神爲人輔德教之中彌世長久三聖乃興多受福祉

小過岐周海隅獨樂不憂可以避難全身保才

既濟孤獨特處莫依爲輔心勞志苦

未濟顧望登臺意常欲逃賈辛醜惡妻不安夫

鼎之第五十

鼎 積德之至君政且温伊吕股肱國富民安

乾 項筐卷耳憂不得傷心思故人悲慕失母

坤 郤叔賈貸行祿多悔利无所得

屯 蹷狂跛袛辟坐不行弃損平人名字无中

蒙 文王四乳仁愛篤厚子畜十男无有夭折

需 容民畜衆不離其居

訟 三推相逐蠅墜釜中灌沸淹殪與母長決

師 所望在外鼎令方來拭爵濯罍炊食待之不爲季憂

比 陸居少泉高山无雲車行千里塗汙爾輪亦爲我患

小畜 東家殺牛聞臭腥臊神背不顧命衰絶周亳社災燒宋人

夷誅

履 長子入獄婦饋母哭霜降旬日𨞐晦伏法

泰 温山松栢常茂不落鳳凰以庇得其歡樂

否 大屋之下朝多君子德施博育宋受其福

同人羅張目决圍合耦缺魚鳥生脫

大有羔裘豹袪高易我字君子維好

謙 大頭明目載受喜福三雀飛來與祿相得

豫 消鋒鑄刃縱牛牧馬甲兵解散夫婦相保晉同

隨 吉日舉釣田弋獵禽反行飲至以告喜功

蠱 商人行旅資无所有貪貝逐利留連玉帛馭轅內安公子

何咎

臨 火井暘谷揚芒生角犯歷天門闚見太微登上玉牀家易

共公

觀　秋隼冬翔數被嚴霜甲兵充庭萬物不生雞夜鳴民擾

大驚

噬嗑東行西步失其次舍乾侯野井昭君喪居

賁　腫脛病腹陷廁汚辱命短時極孫子哀哭

剥　切膚近火虎絶我鬚小人横暴君復何之

復　女室作毒爲我心疾和不能治晉人赴告

无妄兵征大宛北出玉門與胡寇戰平城道西七月無粮身幾

不全

大畜九子十夫莫適與居貞心不壹自令老孤

頤　東行稻麥遂至家國樂土无災君父何憂

大過作室山根所以爲安一夕崩巔破我饔飧

坎　六人俱行各遺其囊黃鵠失珠无以爲明

離　伯蹇叔盲莫爲守裝失我衣裘我是隂鄉

咸　褒寵洒尤敗政傾家覆我宗國秦滅周室

恒　該言譯語仇禍相得氷入炭室消滅不息

遯　彭名爲妖暴龍作災盜尭衣裳聚跖荷兵青禽照夜三旦夷亡

大壯　朝露白日四馬過隙歲短期促時難再得

晉　耳闕道衰所爲不成求事匪得

明夷　申公患楚危不自安重耳出奔側喪其寵

家人　南上泰山困於此桑左砂右石牛馬无食

睽　海隅遼右福祿所在柔嘉蒙禮九夷何咎

蹇　陽春生長萬物茂壯垂枝布葉君子比德

解　低頭竊視有所畏避行伯不利酒酸魚敗衆若貪嗜

損　左輔右弼金玉滿櫝常盈不亡富于敖倉 師之歸妹

益　坐朝乘軒據德宰民虞舜受命六合和親

夬　東行西坐喪其犬馬南求騂騮失車林下

姤　砥德礪材果當成周拜受大命封爲齊侯

萃　西逢王母慈我九子相對歡喜王孫萬户家蒙福祉

升　安坐玉床聽韶行觴飲福萬歲日受无疆

困　登高望家役事未休王政靡盬不得逍遥

井　擊鼓陷陔不得相踰章甫文德福厭禍消

革　追亡逐北呼還幼叔至止而復得反其室

震　老猾大偷東行盜敖因於嚙敖幾不得去

艮　禹召諸侯會稽南山執玉萬國天下康安 姤之臨

漸　忉怛忉怛如將不活黍稷之恩靈輙以存獲生保年 蒙之豫

歸妹　佞叔興起季子富有照臨楚國蠻荊是安

豐　白馬騮駮更生不休富我商人利得如丘

旅　灼火泉原釣魴山巔魚不可得炭不可燃 革之艮

巽　避患東西反入禍門糟糠不足憂動我心

兌　成王多寵商人惶恐生其禍心使君危殆

渙　虎飲欲食見蝟而伏禹通龍門避咎除患元醜以安

節　安民呼池玉柸大按泉如白蜜一色獲願

中孚　雙凫鴛鴦相隨君行南至饒澤食魚與粱君子與長 澤一作洋

小過　蔡侯朝楚留連江渚踰時歷月思其君后

既濟　膠車駕東與雨相逢五楘解墮頓阨獨坐憂爲身禍

未濟　螟虫爲賊害我稼穡盡禾單麥利无所得 同人之節 豫之謙

震之第五十一

震　枯瓠不朽利以濟舟渡踰河海无有溺憂

乾　陷塗溺水火燒我履憂患重累

坤　旦生夕死名曰嬰兒不可得視 小畜之萃

屯　揚水潛鑿使君潔白衣素附珠遊戲皐沃得其所願心志娛樂 豫之大過

蒙　衆鳥所翔中有大怪九身无頭魂驚魄去不可以居

需　刖根枯株不生肌膚病在於心日以燋枯

訟　府藏之富王以賑貧捕魚河海笱網多得 損之睽 坎之大過

師　一莖九纏更相牽攣宿明俯仰不得東西請獻當報日中被刑

比　耋老鮐背齒牙動搖近地遠天下入黃泉

小畜　羊舌叔虎野心善怒黷貨无厭以滅其身

履　謀疑八子更相欺紿管叔善止不見邪期

泰　伴跳不遠心與言反尼丘顧家茅蕈朱華

否　蚍蜉戴盆不能上山搖推跌跋頓傷其顏

同人　朝露不久爲恩惠少膏潤欲盡咎在枯槁

大有　河伯之功九州攸同載祀六百光烈无窮

謙　三人北行大見光明道逢淑女與我驥子

豫　金精耀怒帶鉤通午徘徊高庫宿於木下兩虎相拒弓弩
滿野

隨　江河淮海天之奧府衆利所聚可以富有好樂喜友

蠱　不虞之患禍生無門奄然暴卒病傷我心

臨　畫龍頭頸文章未成甘言美語說辭无名

觀　鈌破不成胎卵不生不見兆形晉之益

噬嗑　旁行不遠三里復反心多畏惡日中止舍

賁　四隤不安兵革爲患掠我妻子家屢飢寒

剝　喜來如雲嘉福盈門衆才君子舉家蒙懽睽之豐

復　載金販狗利弃我走藏匿淵底折晦爲咎隨之革

无妄　日中爲市各抱所有交易貲賄函珠懷寶心悅歡喜

大畜　月步日趍周遍次舍經歷致遠无有難處

頤　陽明失時隂凝爲憂主君哀泣喪其元侯

大過　年衰歲暮精龜遊去形容消枯喪子恩呼

坎　少无功績老困失福跂行徙倚不知所立

離　持心瞿目善數搖動自東徂西不安其處散渙府藏无有利得

咸　賁貝贖狸不聽我辭繫於虎鬚牵不得來需之睽否之革同人之否隨之師

恒　老狼白獹長尾大胡前顛却躓旡有利得

遯　背地相憎心志不同如火與金君猛臣慢虎行兎伏

大壯　夏臺羑里湯文阨處皃侯歡醢岐人悅喜

晉　牙孽生齒螳蜋啓户幽人利貞鼓翼起舞

明夷　列女旡夫閔思苦憂齊子旡良使我心愁

家人　踐履危難脫阨去患入福喜門見悔大君

睽　折臂接手不能進酒祈祀閼曠神怒不喜

蹇　蟻封户穴大雨將集鵲起數鳴牝雞嘆室相薨雄父未到在道

解　胡俗戎狄太陰所積固冰沍寒君子不存

損　翁翁輷輷稍頽崩顛減其令名身不得全

益　災虫爲賊害我稼穡盡禾殫麥秋无所得

夬　三幸飛來自我逢時俱行先至多得大利

姤　龍馬上山焦无水泉喉燋唇乾渴不能言

萃　春生孳乳萬物繁熾君子所集禍災不至

升　王孫季子相與爲友明允篤誠升擢薦舉同人之小過

困　六明並照政紀有統秦楚戰國民受其咎

井　蝃蝀充側佞人所惑女謁横行正道壅塞

革　登崑崙入天門過糟丘宿玉泉問惠歡見欣君比之姤革之困

鼎　體重飛難未能越關不嘗留垣上下墟塞心不遑安

艮　玄黃虺隤行者勞罷役夫憔悴踰時不歸乾之革師之臨

漸　孔德如玉出於幽谷飛上高木鼓其羽翼輝光照國同人之坎

歸妹　火雖熾在吾後寇雖衆出我右身安吉不危殆

豐　旃裘氈國文禮不飾跨馬控弦伐我都邑豫之需

旅　被髮八十慕德獻服邊鄙不聳以安王國

巽　心得所好口常為笑公孫蛾眉雞鳴樂夜

兌　馬能負乘見邑之野并獲粢稻喜悅无咎

渙　高飛視下貪叨所在腐臭為患害於躬身

節　東行西步失其次舍乾侯野井昭君喪居鼎之噬嗑

中孚神鳥五彩鳳凰為主集於山谷使年歲育

小過石門晨啓荷蕢疾貧遁世隱居竟不逢時革之旅

既濟蹣跚蹣跚貧鬼相責无有懽怡一日九結

未濟白日揚光雷車避藏雲雨不行各止其鄉

艮之第五十二

艮　君孤獨處單弱无輔名曰困苦

乾　憂驚已除禍不爲災安全以來

坤　穿匏挹水篝鋏燃火勞疲力竭飢渴爲禍

屯　蹇牛折角不能載粟災害不避年歲无穀

蒙　邑將爲虛居之憂危

需　根刖殘樹花葉落去卒逢火焱隨風僵仆

訟　元后貪欲窮極民力執政乖互爲夷所偪

師　比山有槖使叔壽考東領多粟宜行賈市陸梁雌雄所至利害

比　高原峻山陸土少泉草木林麓嘉禾所炎

小畜　辰次降婁王駕巡時廣祐德惠國安无憂

履　輈輈轠轠歲暮偏弊龍名損弃君衰於位

泰　放銜委轡奔亂不制法度无恒君失其位

否　獨坐西垣莫與言笑秋風多哀使我心悲

同人　脛急股攣不可出門暮速歸旅必爲身患

大有　情僞難知使我偏頗小人在位雖聖何咎

謙　黍稷醇醲敬奉山宗神嗜飲食甘雨嘉降庶物蕃廡時无災咎

豫　公子王孫把彈攝丸發輒有獲室家饒足

隨　陰升陽伏舜失其室慈母赤子相餧不食

蠱　七竅龍身造易八元法則天地順時施恩利以長存

臨　逐狐東山水遏我前深不可涉失利後便　姤之巽漸之夬蒙之蠱

觀　銜命辱使不堪其事中墜落去更爲負載

噬嗑　溫仁君子忠孝所在入閨爲儀禍災不處

賁　春多膏澤夏潤優渥稼穡成熟畝獲百斛師行失律覇功

不遂

剥　二女共室心不聊食首髮如蓬憂常在中

復　築闗石顛立本泉源疾病不安老狐爲隣

无妄　欲避凶門反與禍隣顛覆不制痛薰我心

大畜　踧行竊視有所畏避狸首伏藏以夜爲利

頤　八面九口長舌爲斧劈破瑚璉殷商絶後

大過　和氣相薄膏澤津液生我嘉穀

坎　消金猷兵雷車不行民安其鄉

離　秦儀機言解其國患一說燕下齊襄以權

咸　旦奭王輔周德孔明越裳獻雉萬國咸康

恒　弱足刖跟不利出門買市无盈折亡爲患

遯　堅氷黄鳥帝哀悲愁不見白粒但覿藜蒿數驚鷙鳥爲我

心憂 乾之噬嗑 益之大過

大壯 竈微惙惙屬纊聽絶曠然大通復更生活

晉 陰生麞鹿鼠舞鬼谷靈龜陸處

明夷 諸石攻玉无不穿鑿龍體吾舉魯班爲輔麟鳳成形德象君子

家人 山作天時陸爲海口民不安處

睽 東風啓戶隱伏懽喜萌庶蒙恩復得我子

蹇 華燈百枝稍暗衰微精光欲盡奄如灰糜

解 三十无室寄宿桑中上宮長女不得來同使我失期

損 卵與石鬬糜碎無疑動而有悔出不得時

益 秦兵爭強失其貞良敗於敝鄉

夬 虐除善猛難爲攻醫驥窮鹽車困於銜䈥

姤　操笱搏狸荷弓射魚非其器用自令心勞

萃　葵丘之盟晉獻會行見太宰辭復爲還輿

升　贕詐罷子夷竄黽盡毀兵伏卒發矢至如雨魏師驚亂將獲爲虜消死樹下

困　南行出城世得天福王姬歸齊賴其所欲

井　冬采微蘭地凍堅難利走室北暮无所得堅難一作氷堅

革　王喬无病狗頭不痛亡屐失履乏我送從

鼎　宛馬疾步盲師坐御目不見路中宵弗到

震　求利難國亡去我北憂歸其城反爲吾賊

漸　比目四翼安我邦國上下无患爲吾喜福

歸妹　八材既登以成股肱厖降庭堅國无災凶

豐　稍弊穿空家莫爲宗奴婢逃走子西父東爲身作凶

旅　鳥舞國城邑懼卒驚仁德不脩爲下所傾

巽　五穀不熟民苦困急亟之南國嘉樂有得

兊　黄裳建元福德在身禄祐洋溢封爲齊君賈市无門富寳多飱

渙　齊東郭廬嫁於洛都驪婦美好利得過倍

節　安床厚褥不得久宿弃我嘉宴困於南國投杼之憂不成禍災

中孚　内崩身傷中亂无常雖有美粟不我食得

小過　出門逢患與禍爲怨更相擊刺傷我指端

既濟　出入節時南北无憂行者函至在外帰來

未濟　公孫駕驪載遊東齊延陵説産遺季紵衣

焦氏易林卷第十三

焦氏易林卷第十四

漸之第五十三

漸　別離分散長子從軍稚叔就賊寡老獨居莫爲種瓜

乾　旦種菽荳暮成藿羹心之所願志快意愜

坤　杜飛門啓憂患大解不爲身禍

屯　東山西山各自止安雖相登望竟未同堂 姤之坤艮

蒙　衆鳥所翔中有大怪九身无頭魂驚魄去不可以居 震之蒙

需　交侵如亂民无聊賴追我濟西敵人破陣

訟　麟鳳所翔國无咎殃賈市十倍復歸惠鄉

師　鑿井求玉非卞氏室身困名辱勞无所得

比　文山鴻豹肥腯多脂王孫獲願載福巍巍

小畜　周成之隆刑錯除凶太宰費石君子作人

履　珪璧琮璜執贄見王百里甯戚應聘齊秦（需之井　否之訟）

泰　穿空漏徹破壞我缺陶弗能治瓦甓不鑿

否　鴻飛循陸公出不復伯氏客宿（損之蹇）

同人　蝦蟇群聚從天請雨雲雷運集應時輒下得其所願（大過之升）

大有　老弱无子不能自理爲民所憂終不離咎管子治國侯伯賓服乘輿八百尊我桓德

謙　蟠梅折枝與母别離絶不相知

豫　盛中不絶衰者復掇盈滿減虧瘵蠹腯肥鄭昭失國重耳興立（一云盛去必衰羸去卸肥鄭昭失國重耳得時）

隨　鬭虎入邑必欲逃匿無據易德不見霍叔終无憂慝

蠱　隨時逐便不失利門多獲得福富於封君

臨　禹作神鼎伯益銜指斧斤既折撞立獨倚賁萬不售枯槁

爲禍

觀　春鴻飛東以馬貿金利得十倍重載歸鄉

噬嗑　金齒鋏牙壽考宜家年歲有儲貪利者得雖憂无咎

賁　膏澤沐浴洗去污辱振除災咎更與福處 浴一作德

剥　履階登墀高升峻巍福祿洋溢依天之威

復　坤厚地德庶物蕃息平康正直以綏大福

无妄　絶域異路多所畏惡使我驚惧思吾故處

大畜　襁褓孩幼冠帶成家出門如賓父母何憂 遯之恒

頤　一尋百節綢繆相結其指詰屈不能解脱

大過　鷹鸇獵食雉兎困極逃頭見尾爲害所賊

坎　危坐至暮請求不得膏澤不降政戾民惑

離　剛柔相呼二姓爲家霜降既同惠我以仁

咸　慈母念子饗賜得士蠻夷來服以安王國

恒　良夫孔姬脅悝登臺樂季不扶衛輒走逃

遯　子長忠直李氏爲賊禍及无嗣司馬失福

大壯　節度之德不涉亂國雖昧无光後大受慶

晉　驅羊南行與禍相逢狼驚我馬虎盜我子悲恨自咎

明夷　尼父孔丘善釣鯉魚羅網一舉得獲萬頭富我家居

家人　大根不固華葉落去更爲孤嫗

睽　設罟捕魚反得居諸員困竭忠伍氏夷誅

蹇　敏捷極疾如猿集木彤弓雖調終不能獲

解　冠帶南遊與福相期邀於嘉國拜爲逢時

損　年豐歲熟政仁民樂祿人獲福

益　築闕石巔立基泉源疾病不安老孤无隣

夬　逐狐東山水遏我前深不可涉失利後便蒙之蠱姤之巽艮之臨

姤　鱗子鳳雛生長嘉國和氣所居康樂溫仁邦多聖人

萃　西行求玉冀得瑜璞反得凶惡使我驚惑

升　心狂老悖聽視聾盲正命无常下民多孽

困　南國少子才畧美好求我長女賤薄不與反得醜惡後乃大悔噬嗑之夬

井　逶迤高原家伯妄施亂其五官

革　謝恩拜德東歸吾國歡樂有福

鼎　雞鳴同舉思配无家執佩持凫無所致之

震　凶重憂累身受誅罪神不能解

艮　虎豹熊羆遊戲山谷仁賢君子得其所欲謙之中孚

歸妹　海隅遼右福祿所至柔嘉蒙祉九夷何咎

豐　華首之山仙道所遊利以居止長无咎憂 謙之井

旅　甲乙戊庚隨時轉行不失常節萌芽律屈咸達生出各樂其類 歸妹之同人

巽　跛躓未起失利後市不得鹿子

兌　怙恃自負不去於下血從地出誅罰失理

渙　江河淮海天之都市商人受福國家饒有

節　節情省慾賦斂有度家給人足利以富貴

中孚　牝馬鳴呴呼求其潦雲雨大會流成河海

小過　日月之塗所行必到无有患故

既濟　乘風而舉與飛鳥俱一舉千里見吾愛母 明夷之鼎

未濟　陰配陽爭卧木反立君子攸行喪其官職

歸妹之第五十四

歸妹堅氷黃裳鳥哀悲愁不見白粒但覩藜蒿數驚鷙鳥爲我心憂

乾　荆木冬生司寇緩刑威權在下國亂且傾

坤　喘牛傷暑弗能成畝草萊不闢年歲无有

屯　魚欲負流衆不同心至德安樂

蒙　春耕有息秋入利福獻豜大豝以樂成功

需　生有聖德上配太極皇靈建中授我以福家人之需

訟　右撫琴頭左手援帶凶訟不已相與争戾失利而歸

師　炙魚枯斗張伺夜鼠舌不忍味機發爲祟箝不得去

比　申酉說服牛馬休息君子以安勞者得懽

小畜　堯門尹爵聖德增益使民不疲安无怵惕

履　孤公寡婦獨宿悲苦目張耳鳴莫與笑語訟之歸妹

泰 外得好畜相與嫁娶仁賢集聚諮詢厥事傾奪我城使家不寧

否 煎砂盛暑鮮有不朽去河三里敗我利市老牛盲馬去之何悔

同人 甲乙戊庚隨時轉行不失常節萌芽律屈咸達出生各樂其類 漸之旅

大有 依宵夜遊與君相遭除解煩惑使心不憂

謙 死友絕朋巧言為讒覆白汚玉顔叔哀暗

豫 逐利三年利走如神輾轉東西如鳥避丸

隨 隄防壞決河水放逸傷害稼穡居孤獨宿沒溺我邑

蠱 陰陽隔塞許嫁不答旄丘新臺悔往嘆息 晉之无妄

臨 伯夷叔齊貞廉之師以德防患憂禍不存 泰之乾 革之否 比之剝

觀　陽爲狂悖拔劒自傷爲身生殃明夷之井

噬嗑　進士爲官不若服田獲壽保年

賁　耕石不生弃禮无名縫衣失針襦袴弗成

剥　靈龜陸處一旦失所伊子復耕桀亂无輔

復　室當源口溺漂爲海財産殫盡衣食无有

无妄　雞方啄粟爲狐所逐走不得食惶懼喘息

大畜　家在海隅繞旋深流豈敢憚行无木以趨

頤　他山之儲與環爲仇來攻吾城傷我肌膚國家騷憂明夷

大過　弊鏡无光不見文章少女不嫁弃於其公

坎　大蛇巨魚相搏于郊君臣隔塞戴公出廬

離　絶世无嗣福禄不存精神渙散離其躬身

咸　文君之德養仁致福年无胎夭國富民實憂者之望憎參

盜息

恒　合歡之國喜爲我福東岳南山朝躋成息

遯　憂人之患履悖易顏爲身禍殘卒身自守與喜相抱長子

喬　成老封受福祉

大壯　太公避紂七十隱處卒受聖文爲王室輔明夷之坤

晉　江漢上流政逆民憂陰伐其陽雌爲雄公

明夷　縮緒亂絲舉手爲災越畝逐兔喪其衣袴

家人　臭彘腐水與狼相輔亡夫失子憂及父母

睽　刲羊不當女執空筐兔跛鹿踦緣山墜墮讒佞亂作

蹇　拔劒傷手見敵不善良臣無佐國憂爲咎

解　三羖五牂相隨俱行迷入空澤循谷直北經涉六駮爲所

傷敗

損　爭鷄失羊亡其金囊利得不長陳蔡之患賴楚以安恒之夬

益　三驪負衡南莊取香秋蘭芬馥盈滿神匱利我仲季

夬　孟夏巳丑哀呼尼父明德訖終亂虐滋起

姤　履不容足南山多草家有芳蘭乃无病疾

萃　三足无頭弗知所之心強睛傷莫使爲明不見月光

升　戴堯扶禹松喬彭祖西過王母道里夷易无敢難者師之離

困　式微式微憂禍相絆隔以巖山室家分散

井　靈龜陸處一旦失所伊子復耕桀亂无輔

革　仁德覆洽恩及異域澤被殊方禍災隱伏蚕不作室寒无所得

鼎　夏麥麰䴬霜擊其芒疾君敗國使年夭傷

震　火雖熾在吾後寇雖多出我右身安吉不危殆震之歸妹大有之需

艮　遼遠絶路客宿多悔頑嚚相聚生我畏惡明夷之小畜

漸　懸懸南海去家萬里飛兎褭駿一日見母除我憂悔

豐　困而後通雖危不窮終得其願姬姜相從

旅　西賈巴蜀寒雪至轂欲前不得還反空屋

巽　作新初陵爛陷難登三駒摧車蹪頓傷顚

兌　延頸望酒不入我口深目自苦利得无有幽人悅喜

渙　仲春孟夏和氣所舍生我喜福國无殘賊

節　張羅捕鳩兎離其災雌雄俱得爲罝所賊離當作罹

中孚　三人俱行一人言北伯仲欲南少叔不得中路分爭道鬭相賊

小過　然諾不行欺紿誤人使我露宿夜歸溫室神怒不直鬼欲求獨刺擊其目反言自賊恒之觀

既濟陳辭達誠使安不傾增祿益壽以成功名明夷之晉

未濟火燒公床破家滅亡然得安昌先憂重喪

豐之第五十五

豐 諸儒行賈經涉大阻與杖爲市不憂危殆利得十倍

乾 鼎足承德嘉謀生福爲王開庭得心所欲晉之大壯

坤 曳綸河海釣魴與鯉王孫利得以饗仲友

屯 東山皐落叛逆不服興師征討恭子敗覆

蒙 千里騂駒爲王服車嘉其麗榮君子有成

需 三龍北行道逢六狼暮宿中澤爲禍所傷

訟 天災所遊凶不可居轉徙獲福留止危憂

師 狐狸雉兎畏人逃去分走竄匿不如所處益之解睽之大有

比 兩師娶婦黃巖季女成禮既婚相呼南去膏潤下土年歲

豐

大有 損之益井之坤恒之晉本卦之大過

小畜外棲野鼠與雞爲伍瘖痍不息即去其室

履 天命絶後孤傷无主彷徨兩社獨不得酒

泰 鵲思其雄欲隨鳳東順理羽翼出次須日中留北邑復反其室 明夷之益需之離益之觀

否 螻虵九子長尾不殆均明光澤燕自受福

同人日走月步趨不同舍夫妻反目君主失國 小畜之同人豫之睽

大有宣房户室枯期除毒文德淵府害不能賊

謙 齊東郭盧嫁于洛都駿良美好謀利過倍

豫 病篤難醫和不能治命終期訖下即蒿里 臨之益

隨 開郭緒業王迹所起姬德七百報以八子

蠱 豐年多儲江海饒魚商客善賈大國富有

臨　鵲求魚食過彼射邑繒加我頭繳挂羽翼欲飛不能爲羿所得

觀　望城抱子見邑不殆公孫上堂大君悅喜

噬嗑　左指右麾邪淫侈靡執節无良靈公以亡

賁　日中爲市各持所有交易資賄函珠懷寶　泰之升

剥　山没丘浮陸爲水魚燕雀无廬

復　馬服長股宜行善市蒙祐諧偶獲利五倍　終日在市詰朝獲利既享嘉福得之以義

无妄　三狸捕鼠遮遏前後死於環域不得脫走　離之遯

大畜　鬼舞國社歲樂民喜臣忠於君子孝於父

頤　慈母望子遥思不已久客外野我心悲苦

大過　雨師娶婦黄巖季子成禮既婚相呼南去膏潤下土年歲

大有損之益恒之晉井之坤本卦之比

坎　百狗同室相囓爭食枉矢西流射我暴國高宗鬼方三年乃服

離　早霜晚雪傷害禾麥損功弃力飢无可食離之蠱

咸　腐臭所在青繩集聚變白爲黑敗亂邦國君爲臣逐失其寵禄

恒　牽羊不與與心戾旋聞言不信誤給丈人一云言語不富誤紹丈人

遯　甘忍利害還相克敵商子酷刑鞅喪厥身

大壯　刲羊不當女執空筐兎跛鹿蹄緣山墜墮隨之艮

晉　齟齬囓囓貧鬼相責无有歡怡一日九結震之既濟

明夷　兩足四翼飛入嘉國寧我伯姊與母相得賁之同人

家人　天山紫芝雍梁朱草長生和氣王以爲寶公尸侑食福禄

來處

睽　絕世遊𨓜福祿不存精神渙散離其躬身

蹇　北辰紫宮衣冠立中含弘建德常受大福

解　伯蹇叔𤸃莫與守株失我衣裘代爾陰鄉　鼎之離

損　兩女共室心不聊食首髮如蓬憂常在中　艮之剝

益　去辛就蓼毒愈苦甚避穽遇坑憂患日生

夬　、初病終凶季為死喪不見光明

姤　三鳥飛來自到逢時俱行先至多得大利　同人之大有　震之夬

萃　鹿食山草不思邑里雖久无咎

升　羊腸九縈相推稍前止須王孫乃能上天　損之屯　履之師　蠱之剝　臨之巽

困　管仲遇桓得其願歡膠牢振冠冠帶无憂笑戲不莊空言

妄行　明夷之旅

井　桀跖並處民困愁苦行旅遲遲留連齊魯（復之離）

革　蒐孤无室銜指不食盜張民餌見敵失福

鼎　讒言亂國覆是爲非伯奇乖難恭子憂哀（巽之觀）

震　衛侯東遊惑於少姬亡我考妣久迷不來（乾之升　旅之師）

艮　雞鳴同興思邪无家執佩持凫莫使致之（漸之鼎）

漸　義不勝情以欲自榮覬利危寵摧角折頸（坤之豐　復之坤　小過之升）

歸妹　臣尊主卑擁力日衰侵奪无光三家逐公（升之巽）

旅　叔仲善賈與喜爲市不憂危殆利得十倍

巽　六虵奔走俱入茂草驚於長路畏懼啄口（井之兌　中孚之家人）

兌　水壞我里東流爲海凫黿讙囂不得安居（旅之歸妹）

渙　飛不遠去卑斯內侍祿養未富（渙之大畜）

節　陰變爲陽女化爲男治道大通君臣相承（屯之離　未濟之夬　渙之旅）

中孚　踐履危難脫厄去患入福喜門見誨大君震之家人兌之乾

小過　罟密網縮動益蹶急困不得息

既濟　負牛上山力劣行難烈風雨雪遮遏我前中道復還同人之无妄訟之剥旅之睽

未濟　喁喁嘉草思降甘雨景風升上沾洽時澍生我禾稼

旅之第五十六

旅　羅網四張鳥无所翔征伐困極飢窮不食革之泰兌之小過

乾　寄生无根如過浮雲立本不固斯須落去更爲枯樹小畜之蠱

坤　人无定法緩降牛出蚍雄走趨陽不制陰宜其家國

屯　衆鳥所聚中有大怪九身无頭魂驚魄去不可以居漸之蒙

蒙　封豕溝瀆灌潰國邑火宿口中民多疾病

需　奮翅鼓翼翺翔外國逍遥徙倚來歸温室損之觀

訟　秋蚕不成冬種不生殷王逆理弃其寵榮

師　衛侯東遊惑於少姬忘我考妣久迷不來（乾之升　豐之震）

比　烏合卒會與惡相得鴟鴞相酬爲心所賊

小畜　鳴雞无距與鵲格鬬翅折目盲爲仇所傷

履　木生内蠹上下相賊禍亂我國

泰　延陵適魯觀樂太史車轔白顛知秦興起卒兼其國一統爲主（坎之剥　大畜之離）

否　輔相之好无有休息時行雲集所在遇福

同人　牀傾簀折屋漏垣缺季姬不愜

大有　東入海口循流北走一高一下五色無主七日六夜死於水浦（睽之蹇）

謙　羣虎入邑求索肉食大人禦守君不失國

豫　四亂不安東西爲患退身止足无出邦域乃得完全賴其生福（大有之睽）

隨　叔肹抱冤祁子自邑乘遽解患羊舌以免賴其福全（蹇之乾）

蠱　延頸望酒不入我口深目自苦利得无有（訟之益　復之萃）

臨　仁政之德恭恭日息成都就邑人受厥福（巽之屯）

觀　牽頭繫尾屈折幾死周世无人不知所歸（升之大畜）

噬嗑　教羊逐兎使魚相捕任非其人費日无功（需之噬嗑）

賁　生角有尾張孽制家排羊逐狐張氏易公憂禍重凶

剥　去安就危墜陷井池破我玉璫

復　茹芝餌黄塗飲玉英與神流通長无憂凶（既濟之蹇）

无妄　體重飛難未能越關（震之鼎）

大畜　巢成樹折傷我彝器伯踒叔跌亡羊乃追

宋本焦氏易林（吳門黄氏士禮居十六卷本）

頤　六人俱行各遺其囊黃鵠失珠无以爲明賁之噬嗑

大過　蟠梅折枝與母分離絕不相知大有之坤

坎　迎福開户喜隨我後曹伯愷悌爲宋國主

離　旣痴且狂兩目又盲箕踞喑啞名爲无中

咸　金梁鐵柱千年牢固完全不腐聖人安處

恒　褁糗荷糧與跖相逢欲飛不得爲網所獲

遯　彭名爲妖暴龍作災盜堯衣裳聚跖荷兵青禽照夜三旦夷亡鼎之遯比之蒙

大壯　獨夫老婦不能生子鰥寡俱處

晉　鵠鶴竊脂巢於小枝搖動不安爲風所吹心寒飄搖常憂危殆

明夷　素車木馬不任負重王子出征憂危爲咎

家人土陷四維安平不危利以居止保有玉女

睽 負牛上山力劣行難烈風雨雪遮遏我前中道復還訟之剝

蹇 金城鐵郭上下同力政平民親寇不敢賊

解 清潔淵塞爲人所言證訊詰問繫於枳温甘棠聽斷昭然蒙恩師之蠱

損 臯陶聽理岐伯悅喜西登華道東歸无咎

益 低頭竊視有所畏避行作未利酒酸魚敗重莫貪嗜鼎之解

夬 十雉百雛常與母俱抱雞搏虎誰肯爲侶

姤 高阜山陵陂陁顛崩爲國妖祥元后以薨

萃 六鷁退飛爲衰敗祥陳師合戰左股疾傷遂以薨崩霸功不成蹇之蠱

升 異國殊俗情不相得金木爲仇百戰檀穀家人之未濟

困　鵶噪庭中以戒災凶重門擊柝備憂暴客
井　慈母赤子享賜得士獲夷服除以安王家側陋逢時
革　剗迹惡人使德不通炎旱爲災年穀大傷（坤之大有）
鼎　躬履孔德以待束帶文君燎獵呂尚獲福號稱太師封建齊國
震　征將止惡鼓鞞除賊慶仲奔莒子般獲福
艮　良夫淑女配合相保多孫衆子懽樂長久
漸　蝼蛇四壯思念父母王事靡盬不我安處（渙之復）
歸妹　水壞我里東流爲海黽龜讙囂不得安居（豐之兌）
豐　東帛戔戔賻我孟宣徵召送君變號易字
巽　乾行大德覆幬六合嘔喣成熟使我福德
兌　秦晉大國更相克賊獲惠質圍鄭被其咎

渙 晦昧昏明君无紀綱甲子成亂簡公喪亡

節 三足无頭弗知所之心狂精傷莫使爲明不見月光小畜之復

中孚長夜短日陰爲陽賊萬物空枯藏在北陸夬之明夷謙之漸

小過依宵夜遊與大君俱除解煩惑使我无憂无或作先歸妹之大有

既濟逐鹿南山利入我門陰陽和調國无災殘長子出遊須其仁君

未濟請冀左耳嗇不我驅與我父母

焦氏易林卷第十四

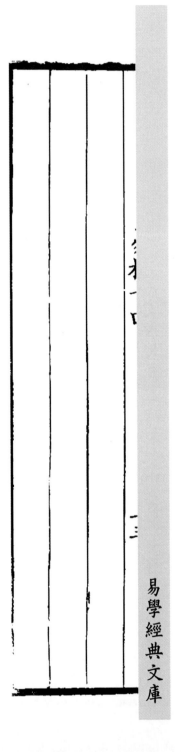

焦氏易林卷第十五

巽之第五十七

巽　溫山松栢常茂不落鸞鳳以庇得其歡樂鼎之泰需之坤否之恒

乾　采唐沬鄉要期桑中失信不會憂思約帶无妄之恒師之噬嗑

坤　有鳥飛來集于宮樹鳴聲可畏主將出去屯之夬

屯　仁政之德參參日息成都就邑入受厥福

蒙　他山之儲與瓌為仇來攻吾城傷我肌膚邦家擾憂明夷

需　賁貝贖狸不聽我辭繫於虎鬚牽不得來震之咸萃之蹇否之革隨之師

訟　一簧兩舌妄言諂語三奸惑虛曾母投杼師之乾

師　薄行擾尾逐雲除水汙泥為陸下田宜稷

比　天門九重深內難通明坐至暮不見神公

小畜　闇目不明耳闕聽聰陷入深淵滅頂憂凶兌之井

巽　士禮居藏

校宋本刊

履　霧露早霜日暗不明陰陽孽疾年穀大傷

泰　三諧土廊德義明堂交讓往來享燕相承箕伯朝王錫我玄黃

否　爭雞失羊利得不長陳蔡之患賴楚以安

同人　天旱水涸枯槁无澤未有所獲

大有　陶朱白圭善賈息貲公子王孫富利不貧

謙　龜厭江海陸行不止自令枯槁失其都市憂悔爲咎

豫　黃鳥採蓄既稼不答念吾父兄思復邦國

隨　田鼠野雞意常欲逃拘制籠檻不得動搖既濟之噬嗑夬之謙需之隨

蠱　平國不君夏氏作亂烏號竊發靈公殞命臨之晉

臨　巨虵大鰌戰於國郊上下閉塞君道走逃剝之艮

觀　讒言亂國覆是爲非伯奇流離恭子憂哀豐之鼎

噬嗑　鬱怏不明爲陰所傷衆霧集聚共奪日光

賁　望城抱子見邑不殆公孫上堂大君歡喜

剥　三虫作蠱剥迹无與勝母盜泉君子弗處　始之觀　觀之困

復　車馳人趨卷甲相求齊魯寇戎敗於犬丘　復之小畜　坤之兌

无妄　欲訪子車善相欺紿桓叔相迎不見所期

大畜　爭雞失羊亡其金囊利得不長陳蔡之患賴楚以安　歸妹之損

頤　歲暮花落陽入陰室萬物伏藏匿不可得

大過　晨風文翰大舉就温過我成邑羿无所得　大壯之震　小畜之革　大過之豫

坎　時鵲抱子見蛇何咎室家俱在不失其所

離　隱隱大雷霧霈爲雨有女癡狂驚駭隣里

咸　无足斷跟居處不安凶惡爲患　革之蹇

恒　破筐敝筥弃捐於道不復爲寶

遯　三雞啄粟十雛從食飢鳶卒擊亡其兩叔（十一作八　中孚之順）

大壯　乘車七百以明文德踐土葵丘齊晉受福（兌之剝）

晉　百足俱行相輔爲強三聖翼事王室寵光（屯之履晉之坤遯之復井之履）

明夷　典策法書藏閣蘭臺雖遭潰亂獨不逢災（坤之大畜大有之恒中孚之恒）

家人　四誅不服恃強負力倍道趨敵師徒敗覆（益之同人需之屯）

睽　春陽生草夏長條肄萬物蕃滋充實益有

蹇　磝磝禿白不生黍稷无以供祭祇靈乏祀

解　褰衣涉河水深漬罷賴幸舟子濟脫无他（坤之萃蹇之師）

損　宜行賈市所求必倍戴喜抱子與利爲友（未濟之益大過之恒）

益　凡征東夷弟伐遼西大克勝還封君河間

夬　初雖驚惶後乃无傷受其福慶

姤　隨風乘龍與利相逢田獲三倍商旅有功憧憧之邑長安

无他

萃 魚擾水濁寇圍吾邑城危不安驚恐狂惑

升 雖窮復通履危不凶保其明公

困 坤厚地德庶物蕃息平康正直以綏大福 泰之解賁之履渙之解漸之復

井 山水暴怒壞梁折柱稽難行旅留連愁苦 咸之豫

革 使燕築室身不庇宿家无聊賴殲我衣服

鼎 矢石所射襄公痴劇吳子巢門傷病不治

震 日月運行一寒一暑榮寵赫赫不可得保顛隕墜墮更爲士伍 中孚之晉

艮 宮門愁鳴臣圍其君不得東西

漸 戴盆望天不見星辰顧小失大福逃墻外 賁之蒙小過之蠱

歸妹 天之所明禍不遇家反自相逐終得和鳴

豐　天陰霖雨塗行泥潦商人休止市无所有　革之睽升之隨夬之大過

旅　嘉門福喜增累盛熾日就有德宜民宜國

兌　南山之陽華葉將將嘉樂君子爲國寵光　革之大有

渙　畫龍頭頸文章未成甘言美語說辭无名　升之蒙蒙之噬嗑家人之賁

節　嬰兒孩子未有所識彼童而角亂我政事

中孚　陰作大奸欲君勿言鴻鵠利口發患禍端荆季懷憂張伯被患

小過　德之流行利之四鄉雨師洒道風伯逐殃巡狩封禪以告成功　萃之比益之復

既濟　禹將爲君裝入崑崙稍進陽光登見温湯功德昭明

未濟　五岳四瀆含潤爲德行不失理民賴恩福　恒之井順之明夷離之豫

兊之第五十八

兊 班馬還師以息勞疲後夫嘉喜入戶見妻 觀之既濟賁之蠱剝之噬嗑

乾 踐履危難脫危去患入福喜門見悔大君 震之家人豐之中孚

坤 子鉏執麟春秋作元陰聖將終尼父悲心 訟之同人豫之大有革之震

屯 夾河為婚期至无船搖心失望不見所歡 屯之小畜

蒙 天孫帝子與日月處光榮於世福祿繁祉 解之臨

需 三年人妻相隨奔馳終日不食精氣勞疲 乾之大畜坎之家人

訟 禹召諸侯會稽南山執玉萬國天下康寧 姤之臨鼎之艮損之旅

師 早霜晚雪傷害禾麥損功弃力飢无所食 比之遯豐之離需之咸

比 蒿融持戟杜伯荷弩降觀下國誅逐无道夏商之季失執外走

小畜 生有聖德上配大極皇靈建中受我以福 家人之需歸妹之需

履 下田陸黍萬華生齒大雨霖集波病潰腐

泰　子畏於匡困厄陳蔡明德不危竟克免害　渙之坎　大過之晉

否　有兩赤頭從五岳來謠言无祐趍爾之林俯伏聽命不敢

動搖

同人　當得自如不逢凶災衰者復興終无禍來

大有　朽根削樹華葉落去卒逢大焱隨風僵仆　屯之坎噬嗑之　否艮之需夬之

恒

謙　葛生衍蔓絺綌爲願家道篤厚父兄悅喜

豫　東行求玉反得弊石名曰无直字曰醜惡衆所賤薄　家人之否

隨　瞻白因弦驚辱恐怯任力隋劣如蝟見鸇偃視恐伏不敢

拒格

蠱　瘖瘂多病宋公危殆吳子巢門无命失所

臨　東山西岳會合俱食百喜送從以成恩福

觀　舞非其處失節多悔不合我意

噬嗑　南循汝水茂樹斬枝過時不遇惄如周飢

賁　公孫駕驪載遊東齊延陵説産遺我紵衣（艮之未濟）

剥　乗輿八百以明文德踐土葵丘齊晉受福（巽之大壯）

復　雄處弱水雌在海邊別離將食哀悲於心

无妄　結網得解受福安坐終无患禍

大畜　秋南春北隨時休息處和履中安无憂凶

頤　啓戶開門巡狩釋冤夏臺羑里湯文悅喜

大過　符左契右相與合齒乾坤利貞乳生六子長大成就風言如母

坎　飢蠶作室絲多亂緒端不可得

離　東壁飾光數暗不明主母嫉妬亂我業事（革之謙大壯之恒謙之屯）

咸　白茅縮酒靈巫拜禱神嗜飲食使君壽考

恒　范公陶夷巧賈貨資東之營丘易字子皮抱珠載金多得利歸

遯　三羖五羊相隨俱行迷入空澤循谷直北經涉六駮爲所傷賊

大壯　雄鵠延頸欲飛入關雨師洒道濊我袍裘重車難前侍者稽止

晉　中年蒙慶今歲受福必有所得榮寵受祿

明夷　祿如周公建國洛東父子俱封 華之明夷

家人　安床厚褥不得久宿弃我嘉讌困於東國投杼之憂不成災福 家人之睽 艮之節

睽　蓄積有餘糞土不居

蹇　心願所喜乃今逢時得我利福不離兵革既濟之復

解　目不可合憂來搔足怵惕危懼去其邦族萃之睽

損　福德之士懽悅日喜夷吾相桓三歸為臣賞流子孫

益　夏姬附耳心聽悅喜利以傳取

夬　叔迎兄弟遇恭在陽君子季姬並坐鼓簧咸之震

姤　徙巢去家南遇白烏東西受福與喜相得

萃　舜登大禹石夷之野徵詣王闕拜治水土乾之中孚　師之小畜

升　江河淮海天之都市商人受福國家富有

困　隱隱填填火燒山根不潤我鄰獨不蒙恩賁之蹇

井　闇昧不明耳聾不聽陷入深淵滅頂憂凶巽之小畜

革　鳥鳴喈喈天火將下燔我館舍災及妃后中孚

鼎　十雉百雞常與母俱抱雞搏虎誰敢難者

震　營城洛邑周公所作世建三十年歷七百福祐盟執堅固

不落升井之

艮　三人俱行別離將食一身五心反復迷惑

漸　三虎搏狼力不相當如鷹格雉一發破亡

歸妹養虎畜狼還自賊傷年歲息長疾君拜禱雖危不凶

豐　後時失利不得所欲

旅　雉兎之東以理為傷見鷹驚走死於谷口

巽　秋蛇向穴不失其節夫人姜氏自齊復入

渙　鳥鳴巢端一呼三顛搖動東西危䖃不安

節　命夭不遂死多鬼祟妻子啼㾞早失其雄

中孚茆屋結席崇我文德三辰旂旗家受行福

小過羅網四張鳥无所翔征伐困極飢窮不食

既濟　天成地安積石爲山潤洽萬里人賴其歡

未濟　銅人鋏柱暴露勞苦終日卒歲无有休止

渙之第五十九

渙　望幸不到文章未就王子逐兎犬踦不得　未濟之兊　謙之既濟

乾　焱風阻越車馳揭揭棄古追思失其和節心憂惙惙　需之小過

坤　蛇得澤草不憂危殆

屯　兩犬爭鬬股瘡无處不成仇讐行解邪去

蒙　因禍受福喜盈其室求事皆得

需　江多寶珠海多大魚疾行亟至可以得財　節之中孚

訟　二牛生狗以戍爲母荆夷上侵姬伯出走　坤之震否之姤　需之訟賁之復

師　安息康居異國穹廬非吾習俗使我心憂

比　行觸天罡馬死車傷身无聊賴困窮乞糧

小畜　裸裎逐狐爲人觀笑牝雞司晨主作亂門大有之咸

履　爲季求婦家在東海水長无船不見所歡屯之蹇

泰　男女合室二姓同食婚姻孔云宜我多孫

否　太微帝室黃帝所直藩屏周衛不可得入常安常存終无禍患

同人　賚金觀市欲買騮子猾偷竊發盜我黃寶

大有　三人俱行欲歸故鄉望邑入門拜見家懽

謙　娶於姜吕駕迎新婦少齊在門夫子悅喜

豫　伯仲旅行南求大牂長孟病足倩季負囊柳下之貞不失驪黃

隨　潔身白齒衰老復起多孫衆子宜利姑舅

蠱　獨宿憎夜嫫母畏晝平王逐建荆子憂懼

臨

追亡逐北呼還幼叔至止而得復歸其室 未濟之大過需之渙

觀

鳥飛无翼兎走折足雖欲會同未得醫功

噬嗑抱空握虛鳴敎我買利去不來 離之家人

賁

山作天池陸地爲海

剥

爲虎所囓太山之陽衆多從者莫敢救藏

復

逶迤四牡思歸念母王事靡盬不得安處 旅之漸

无妄獼猴所言語无成全誤我白鳥使乾口來

大畜飛不遠去卑斯内侍祿養未富 豐之渙

頤

大尾細腰重不可搖陰權制國平子逐昭

大過旦生夕死名曰嬰鬼不可得視 小畜之萃未濟之乾震之坤

坎

子畏於匡困於陳蔡明德不危竟免厄害 兑之泰大過之晉師之鼎

離

畏昏潛處候時朗昭卒逢白日爲世榮主

咸　白烏銜餌鳴呼其子施翼張翅來從其母　晉之震

恒　宮商角徵五音和起君臣父子弟順有序唐虞襲德國无災咎

遯　季姬踟躕望孟城隅終日至暮不見齊侯　謙之巽

大壯　鬼哭於社悲傷无後甲子昧爽殷人絶祀　大過之坤

晉　天子所予福祿常在不憂危殆　小畜之遯　損之遯　臨之復

明夷　比目附翼相恃為福姜氏季女與君合德　節之隨

家人　翁翁輷輷稍崩墜顛滅其令名　泰之謙　否之離　盐之坎

睽　折若蔽目不見稚叔三足孤烏遠去家室　師之蒙

蹇　羊腸九縈相推稍前止須王孫乃能上天　豐之升　履之師　蠱之剝　損之屯

解　坤厚地德庶物蓄息平康正直以綏大福　泰之解　巽之困　賁之履

損　有莘外野不逢堯主復居窮處心勞志苦

益　胃長景行來觀桑柘上伯日喜都叔允藏

夬　周師伐紂勝于牧野甲子平旦天下大喜謙之噬嗑節之升復卦

姤　踰江求橘并得大栗烹羊食炙飲酒歌笑

萃　敝笱在梁魴逸不禁漁父勞苦筐筥乾口空虛无有遯之大過

升　生有隂孽制家非陽遂送還牀張氏易公憂禍重凶

困　絶域異路多有恠惡使我驚惧思我故處

井　迷行失道不得牛馬百賈逃亡市空无有

革　雌鸞生雛祥異興起東雲龍騰民戴爲父

鼎　壘壘纍纍如岐之室畜一息十古公始邑恒之小過

震　瘡瘍疥搔孝婦不省君多疣贅四牡作去

艮　羊頭兎足羸瘦少肉漏囊敗粟利无所得剝之恒既濟之訟

漸　薛箴從靡空无誰是言季子明樂減少解

歸妹　妹爲貌熟敗君正色作事不成自爲心賊

豐　四馬共轅東上太山騂驪同力无有重難與君笑言　剝之解

旅　陰變爲陽女化作男治道得通君臣相承　豐之節未濟之夬屯之離

巽　南國少子材畧美好求我長女賤薄不與反得醜惡後乃大悔　比之漸泰之震漸之困

兌　昭公失常季女悖狂遜遁齊處野喪其寵光　遯之蠱

節　天山紫芝雍梁朱草長生和氣王以爲寶公尸宥食福祿來處　同人之剝豐之家人

中孚　牽羊不前與心戾旋聞言不信誤紿大人

小過　東山西山各自止安心雖相望竟未同堂　姤之坤漸之屯中孚之賁

既濟　鹿求其子虎廬之里唐伯季耳貧不我許　隨之否

未濟　三虎上山更相喧喚志心不親如仇與怨　姤之小過

節之第六十

節　海爲水王聰聖且明百流歸德无有叛逆常饒優足

乾　虎呴怒咆慎戒外憂上下俱擾士民无聊

坤　探巢得雛仇鵲俱來使我心憂

屯　日望一食常恐不足祿命寡薄

蒙　良馬疾走千里一宿逃難它鄉誰能追復

需　鵲巢烏城上下不親內外乖畔子走失頑

訟　雲龍集會征討西戎招邊定衆誰敢當鋒

師　春多膏澤夏潤優渥稼穡成熟畝獲百斛臨之明夷

比　童妾獨宿長女未室利无所得豫之蠱之履觀之蒙

小畜　四亂不安東西爲患退止我足无出邦域乃得全完賴其生福觀之小過大有之睽

履　長寧履福安我百國嘉賓上堂與季同牀

泰　騏驎綠耳章明造父伯夙成季共成覇功爲晉元輔

否　張陳嘉謀贊成漢都主歡民喜其樂休休　張良陳平也

同人　大面長頸未解君憂

大有　畏昏不行待旦昭明燎獵受福老賴其慶　夬之損

謙　伯去我東首髮如蓬長夜不寐憂繫心胷　姤之遯

豫　朽條腐索不堪施用安靜候時以待親知

隨　比目四翼相倚爲福姜氏季氏與君合德　渙之明夷

蠱　履堦升墀高登崔嵬福祿洋溢依天之威

臨　奢淫愛嗇神所不福靈祇憑怒鬼障其室

觀　大步小車南到喜家送我豹裘與福載來　中孚之泰　未濟之坤

噬嗑　東行西步失次後舍與彼作期不覺至夜乾侯野井昭君

失居

賁　喜樂抃躍來迎名家鵲巢百兩獲利養福

剝　非理後來誰肯相與往而不獲徒勞道路

復　北虜匈奴數侵邊境

无妄　征不以禮辭乃无名縱獲臣子伯功不成

大畜　景星照堂麟遊鳳翔仁施大行頌聲作興 豫之節 損之坤

頤　文明之世銷鋒鑄耜以道順民百王不易 一作焚膏銷鋒鎮壓危凶招來文德君安其國

大過　鳥飛无羽雞鬬折距徒自長嗟誰肯為侶

坎　羣隊虎狼齧彼牛羊道路不通妨農害商

離　商伯沉醉庶兄奔走滛女蕩夫仁德並孤

咸　三狸搏鼠遮遏前後當此之時不能脫走

恒　陶叔孔圉不處亂國初雖未萌後受福慶

遯　奮翅鼓翼翱翔外國逍遥北域不入温室

大壯　德音孔博升在王室八極蒙祐受其福祿

晉　當變立權摘解患難霍然氷釋大國以安 升之震

明夷　羽動角甘雨續草木茂年歲熟

家人　天所佑助福來禍去君王何憂

睽　方喙宣口聖智仁厚釋解倒懸唐國大安 小畜之噬嗑

蹇　葛藟蒙棘華不得實讒佞亂政使恩壅塞 泰之蒙蠱之明夷師之中孚

解　皇母多恩字養孝孫脫於襁褓成就爲君

損　積氷不温北陸苦寒露宿多風君子傷心 睽之巽

益　伯夷叔齊貞廉之師以德防患憂禍不存 革之否歸妹之臨中孚之解

夬　一雌二雄子不知公亂我族類使吾心憤

姤　主安多福天祿所伏居之寵昌君子有光

萃　千歲槐根利多斧瘢樹維枯屈枝葉不出

升　周師伐紂勝殷牧野甲子平旦天下大喜　謙之噬嗑　渙之夬復

困　日走月步趍不同舍夫妻反目主君失居　豐之同人小畜之同人豫之睽

井　宜髮龍叔爲王主國安土成稷天下蒙福

革　諷德誦功周美盛隆惠旦輔成光濟冲人　明夷之蒙　益之升

鼎　三夜不寢憂來益甚戒以危懼弃其安居

震　恩願所之乃今逢時洗濯故憂拜其懽來　睽之艮

艮　噂噂囁囁夜行晝伏謀議我資來竊吾室

漸　騂牛亡子鳴於大野申復隂徵還歸其母說以除悔

歸妹　王良善御伯樂知馬周旋步趨行中規矩止息有節延命壽考　遯之豫

豐 釋然遠咎避患害早田獲三狐以貝爲寶

旅 仁獸所處國无凶咎市賈十倍復歸惠里

巽 六目俱視各欲有志心意不同乖戾生訟

兌 傅說王良驂御四龍周徑萬里无有危凶

渙 仲伯季叔日暮寢寐醉醒失明喪其貝囊卧拜道旁 謙之蠱

中孚 江有寶珠海多大魚亟行疾至所以得財 渙之需

小過 遠視千里不見所持離婁之明无益於耳

既濟 弱足刖跟不利出門市賈无贏折亡爲患 乾之鼎

未濟 利盡得媒時不我來鳴雌深涉寡宿獨居

焦氏易林卷第十五

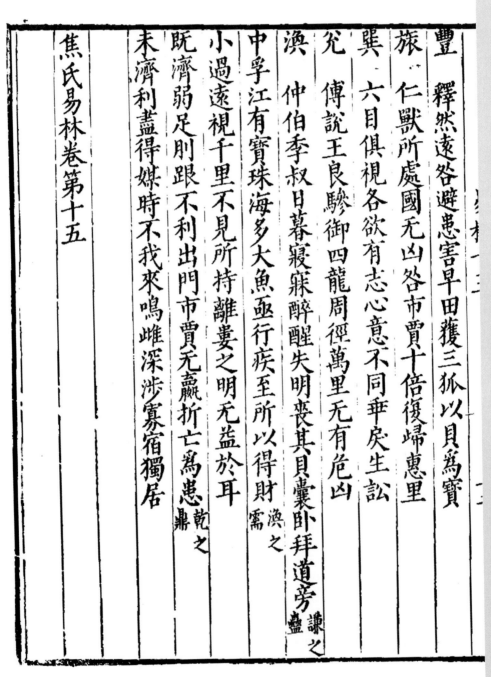

焦氏易林卷第十六

中孚之第六十一

中孚 烏鳥譆譆天火將下燔我屋室災及妃后 兊之革

乾 黃虹之野賢君所在管仲爲相國无災咎

坤 符左契右衆叔有若相與合齒乾坤利貞乳生六子長大成就拖吾如母

屯 蝗齧我稻驅不可去實穗无有但見空藁 隊之師

蒙 嬰孩求乳母歸其子黃麑悅喜

需 折若蔽目不見稚叔失旅亡民遠去家室

訟 牂羊肥首君子不飽年飢孔荒士民危殆

師 靈龜陸處盤桓失所伊子退耕桀亂无輔 歸妹之井 歸妹之剝

比 威約拘囚爲人所誣皐陶平理幾得脫免

小畜　烏升鵲舉照臨東海厖降庭堅為陶叔後封於英六福屢綏厚　謙之頤需之大畜觀之頤

履　四目相視稍近同軌日昳之後見吾伯姊　益之需

泰　大步上車南到喜家送我狐裘與福載來　節之觀未濟之坤

否　卒都和合未敢面見媒妁无良使我不香

同人　鴻飛循陸公出不復伯氏客宿　剝之升

大有　代戍失期患生无聊懼以發難為我開基邦國憂愁

謙　齊魯爭言戰於龍門構怨結禍三世不安

豫　周政養賊背生人足陸行不安國危為患

隨　蜩螗歡翹草木嘉茂百果蕃生日益多有　謙之解

蠱　薄災暴虐風吹雲却欲上不得復歸其宅

臨　乘騮駕驪遊至東齊遭遇行旅逆我以資厚得利歸

觀　鳳生七子同巢共乳歡悅相保

噬嗑桃雀竊脂巢於小枝搖動不安爲風所吹心寒漂搖常憂
殆危　損之渙

賁　東山西山各自止安雖相登望竟未同堂　姤之坤漸之屯渙之小過

剥　匍伏走出驚懼皇恐白虎生孫蓐收在後

復　重弋射隼不知所定質疑蓍龜明神答報告以肥牡宜利
止居

无妄開門内福喜至我側嘉門善祥爲吾室宅宮城洛邑以招
文德

大畜烏飛狐鳴國亂不寧下強上弱爲陰所刑

頤　三雞啄粟八雛從食飢鳶卒擊失亡兩叔

大過歎息不悅憂從中出喪我金嬰无妄失位

坎　剛柔相呼三姓爲家霜降既同惠我以仁家人之損漸之離

離　送我季女至於蕩道齊子旦夕留連久處

咸　低頭竊視有所遇避行作不利酒酸魚餒衆莫貪嗜鼎之解

恒　典策法書藏閣蘭臺雖遭亂潰獨不遇災巽之明夷坤之大畜大有之恒

遯　旦醉病酒暮多瘳愈不反爲咎

大壯　畫龍頭頸文章未成甘言美語說辭無名升之蒙蒙之噬嗑家人之賁

晉　日月運行一寒一暑榮寵赫赫不可得保顛蹪殞墜更爲

士伍巽之震

明夷　爭利王市朝多君子蘇氏六國獲其榮寵

家人　六蛇奔走俱入茂草驚於長塗畏懼啄口井之兌豐之巽

睽　懸貆素餐食非其任失輦剝廬休坐徙居順之盐

蹇　懽欣九子俱見大喜攜提福善王孫是富

解　伯夷叔齊貞廉之師以德防患憂禍不存　革之否　歸妹之臨　節之益

損　雄聖伏名人匿麟驚走鳳飛北亂潰未息　否之大過　剝之臨

益　久鰥无偶思配織女求其非望自令寡處

夬　破亡之國天所不福難以止息

姤　老慵多卻弊政爲賊阿房驪山子嬰失國

萃　三羖六牂相隨俱行迷入空澤逕涉虎廬爲所傷賊死於牙腹

升　囁囁處懼昧冥相摶多言少實語无成事　明夷之豫　謙之乾

困　武陽漸離擊筑善歌慕丹之義爲燕助軻陰謀不遂霍自死亡功名貫施

井　尹氏伯奇父子分離无罪被辜長舌爲災

革　五精亂行政逆皇恩湯武赫怒共伐我域

鼎　西歷玉山東入玉門登上福堂飲萬歲漿

震　行觸夫忌與司命牾執囚束縛拘制於吏幽人有喜剝

艮　機父不賢朝多讒臣君失其政保家久貧

漸　三人俱行北求大牂長孟病足請季負囊柳下之貞不失我糧

歸妹　鵲思其雄欲隨鳳東順理羽翼出次須日中留北邑復歸其室益之觀需之離豐之泰

豐　常得自如不逢禍災如一作加

旅　白鵠遊望君子以寧履德不愆福祿來成

巽　膚敏之德發憤晨食虜豹擒說為王得福大有之困

兌　百足俱行相輔為強三聖翼事國富民康屯之頤

渙　生不逢時困且多憂年衰老極中心悲愁

節　出門蹉跌看道後旅買羊逸亡取物逃走空手握拳坐恨相咎

小過牧羊稻田聞虎喧讙畏懼惕息終无禍患　隨之漸井之否剝之損

既濟龍潛鳳北其子變服隂孽萌作

未濟國无比隣相與爭强紛紛匈匈天下擾憂

小過之第六十二

小過初雖驚惶後反无傷受其福慶

乾　積德累仁靈祐順信福祉日增

坤　謹慎重言不幸遭患周邵述職脫免牢開

屯　鳥飛鼓翼喜樂堯德虞夏美功要荒賓服

蒙　牙孽生齒室堂啓户幽人利貞鼓翼起舞

需　使伯東求拒不肯行與叔爭訟更相毀傷

訟　手足易處頭尾顛倒公爲雌嫗亂其蠶織

師　匠卿操斧豫章危殆袍衣脫剝祿命訖已

比　天女踞床不成文章南箕无舌飯多砂糠虛象盜名雌雄折頸大畜之益

小畜　大椎破轂長舌亂國墻茨之言三世不安

履　銜命辱使不堪厥事中墜落去更爲負載

泰　三虵共室同類相得甘露時降生我百穀

否　衣繡夜游與君相逢除患解惑使我不憂

同人　被髮獸心難與爲隣來如風雲去如絕絃爲狼所殘

大有　剛柔相呼二姓爲家霜降既同惠我以仁家人之損中孚之坎漸之離

謙　牛耳聾聵不曉齊味委以鼎俎治亂憒憒

豫　低頭竊視有所畏避行作不利酒酢魚餒衆莫貪嗜鼎之解

隨　兩師娶婦黃巖季子成禮既婚相呼南上膏我下土年歲

大有　井之坤　恒之晉　豐之比　豐之大過

蠱　戴盆望天不見星辰顧小失大遁逃墻外　賁之蒙　巽之漸　益之中孚

臨　二人輦車徙去其家井沸釜鳴不可以居

觀　攘臂反肘怒不可二假㐲腹心无以爲市

噬嗑　湯世之憂轉解喜來

賁　忠信輔成王政不傾公劉肇舉文武綏之

剥　登高斬木頓躓陷險車傾馬疲伯叔吁嗟

復　桑方隕落黃敗其葉失勢傾側如无所立

无妄　鸞鳳䎘翔集于喜國念我伯姊與毋相得

大畜　陰淫所居盈溢過度傷害禾稼

頤　霄冥高山道險峻難王孫罷極困於阪間

大過和壁隋珠爲火所燒冥昧失明奪精无光棄於道傍

坎　虞君好神惠我老親恭承宗廟雖愠不去復我内事

離　爪牙之夫怨毒祈父轉憂與己傷不及母（謙之歸妹）

咸　倉盈庾億宜稼黍稷年歲有息

恒　窓牖户房通利光明賢智輔聖仁德大行家給人足海内殷昌（大畜之升）

遯　切切之患凶重憂荐爲虎所吞

大壯　水无魚池陸爲海涯君子失居小人相携

晉　九疑鬱林沮濕不中鸞鳳所惡君子攸去（无妄之巽）

明夷　六翮况飛走歸不及脱歸王室亡其騂特

家人　不直莊公與我爭訟媒伯无禮自令塞壅

睽　倉庚多億宋公危殆吳子巢門殞命失所

蹇　失羊捕牛无損无憂

解　夏麥麮䴬霜擊其芒疾君敗國使我誅傷泰之賁

損　昧昧暗暗不知白黑風雨亂擾光明伏匿幽王失國

益　執斧破薪使媒求婦和合二姓親迎斯須色比毛嬙姑翁悅喜

夬　六疾生狂癡走妄行北入患門與禍爲鄰

姤　驅羊就羣佷不肯前慶季愎諫子之被患

萃　二人異路東趍西步十里之外不相知處

升　義不勝情以欲自營覦利危躬折角摧頸

困　騷騷擾擾不安其類疾在頸項凶危爲憂

井　三河俱合水怒湧躍壞我王屋民困於食

革　陽曜旱疾傷病稼穡農人无食

鼎 流浮出食載券入屋釋鞍繫馬西南廡下

震 門户之居可以止舍進仕不殆安樂相保

艮 過時不歸雌雄苦悲徘徊外國與毋分離 咸之遯 豫之大壯

漸 中田有廬疆埸有瓜獻進皇祖曾孫壽考

歸妹 失恃无友嘉福出走儽如喪狗

豐 反鼻岐頭三寡獨居

旅 衣裳顛倒爲王來呼成就東周封受大福

巽 飛不遠去還歸故處興事多悔

兌 含血走禽不曉五音匏巴鼓瑟不悅於心

渙 求玉獲石非心所欲祝願不得

節 山崩谷絶大福盡歇涇渭失紀玉石既已

中孚 雜目懼怒不安其居散渙府藏无有利得

既濟衆邪充側鳳凰折翼微子復北去其邦國

未濟六月采芑征伐无道張仲方叔尅敵飲酒 離之坎

既濟之第六十三

既濟玄兎指掌與足相恃謹訊詰問誣情自直寃死誰告口爲身禍

乾 游駒石門騄耳安全受福西隣歸邑玉泉

坤 陽春生草萬物盛興君子所居災禍不到

屯 人无足法緩除才出雄走羊驚不失其家

蒙 太山止奔變見太微陳吳廢忽作爲禍患

需 乘龍吐光使暗後明燎獵大得六師以昌

訟 羊頭兎足羸瘦少肉漏囊貯粟利无所得 渙之艮 剝之恒

師 因禍受福喜盈其室螟虫不作君无可得

比　舜升大禹石夷之野徵詰王闕拜治水土［乾之中孚師之小畜兌之萃］

小畜　烏子鵲雛常與母俱顧類羣族不離其巢

履　夷羿所射發輒有獲繒加鵠鷹雙鳧俱得

泰　晨風文翰大舉就溫昧過我邑羿无所得［小畜之革大過之豫大壯之震］

否　六喜三福南至歡國與喜忻樂珪我潔德

同人　鬬龍股折日遂不明自外為主弟伐其兄

大有　蒙慶受福有所獲得不利出門

謙　蠻戎夷狄太陰所積涸氷冱寒君子不存

豫　畏昏潛處候時昭明卒遭白日為榮祿主

隨　水流趍下欲至東海求我所有買魴與鯉［姤之否損之需蠱之无妄］

蠱　冠帶南遊與福喜期徼於嘉國拜為逢時

臨　涉難振羽為季門戶新沐彈冠仲父悅喜

觀　結衿流粥遭讒桎梏周召述職身受大福

噬嗑　田鼠野雞意常欲逃拘制籠檻不得動搖　夬之謙需之遁巽之隨

賁　居華巔觀浮雲風不搖雨不濡心平安无咎憂

剝　傾倚將顛不能得存英雄作業家困无年

復　心願所喜今乃逢時保我利福不離兵革　兌之蹇

无妄　靈龜陸處盤桓失所阿衡退耕夏封於國

大畜　弱水之右有西王母生不知老與天相保不利行旅

頤　抱璞求金日暮坐吟終月卒歲竟无成功

大過　言笑未畢憂來暴卒身加擥檻囚繫縛束

坎　望幸不到文章未成王子逐兎犬跱不得　未濟之兌渙

離　震慄恐懼多所畏惡行道留難不可以步

咸　雄狐綏綏登山崔嵬昭告顯功大福允興

恒　火起吾後喜炙倉廩龍銜水深潩注屋柱雖憂无咎

遯　危坐至暮請求不得膏澤不降政戾民忒剝之頤需之頤漸之坎

大壯　孟春和氣鷹隼搏鷙衆雀憂憒

晉　緩法長奸不肯理冤浮沉失節君受其患

明夷　魚鱉貪餌死於網釣受危國寵爲身殃咎

家人　金精輝怒帶劒過午徘徊高庫宿於山谷兩虎相拒弓矢滿野震之豫

睽　四目相望稍近同光並坐鼓簧

蹇　茹芝餌黃飲酒玉英與神流通長无憂凶

解　求璋嘉鄉惡虵不行道出岐口還復其床

損　天門地户幽冥不覩不知所在

益　跌足息肩有所忌難金城鐵郭以銅爲關藩屏自衛安止

无患 遯之旅

夬 三雁俱飛欲歸稻池先涉隺澤爲矢所射傷我胷臆

姤 濟流難渡濡我衣袴五子善櫂脫无他故

萃 飲酒醉酗跳起爭鬪伯傷叔僵東家治喪 比之鼎大畜之晉益之蒙

升 跌蹪未起後失利市蒙被咎殃

困 辰次降婁建星中堅子无遠行外顛霄陷遂命訖終

井 商風召寇來呼外盜間諜内應與我爭鬪殫已寶藏主人不勝

革 甘露醴泉太平機關仁德感應歲樂民安

鼎 祭仲子突要門逐忽禍起子商弟伐其兄鄭久不昌

震 反孽難步留不反舍露宿澤陂亡其襦袴

艮 狼虎結謀相聚爲保伺候牛羊病我商人

漸　明德克敏重華貢舉放勳徵用八哲蒙佑

歸妹　貧鬼守門日破我盆毀罌傷瓶空虛无子損之剥

豐　天命赤烏與兵徼期征伐无道箕子遊遨

旅　威約拘囚爲人所誣皐陶平理剖械出牢脱歸家閭

巽　羊驚虎狼聳耳羣聚无益威彊爲齒所傷

兌　初雖號啼後必慶笑光明照耀百喜如意

渙　馬服長股宜行善市蒙祐諧耦獲金五倍

節　應門内崩誅賢殺暴上下咸悖景公失位長歸無恒望妻不來

中孚　執斧破薪使媒求婦好合二姓親御斯須色比毛嬙姑悦公喜小過之益

小過　兩輪日轉南上大阪四馬共轅无有險難與禹笑言賁之需

未濟千柱百梁終不傾僵周宗寧康

未濟之第六十四

未濟忠慢未習單酒糗脯數至神前欲求所願反得大患

乾　旦生夕死名曰嬰鬼不可得視　渙之大過震之　坤小畜之萃

坤　大步上車南到喜家送我狐裘與福喜來　節之觀大過之　困中孚之泰

屯　西多小星三五在東早夜晨行勞苦无功　大過之夬

蒙　北陸藏氷君子心悲困於粒食鬼驚我門

需　山水暴怒壞折梁柱稽難行旅留連愁苦

訟　比目四翼來安吾國福喜上堂與我同牀　損之隨同人之兌比之離

師　狡兎趯趯良犬逐咋雄雌爰爰爲鷹所獲

比　增祿益福喜來入室解除憂惑

小畜　騎龍乘風上見神公彭祖受刺王喬贊通巫咸就位拜福

无窮 家人之剝

履 天火卒起燒我旁里延及吾家空盡己財

泰 金帛共寶宜與我市嫁娶有息利得過倍

否 鬼魅之居凶不可舍

同人 烏飛兎走各有畏惡鶻鷹爲賊亂我室舍

大有 初雖驚惶後乃无傷受其福慶

謙 兩金相擊勇氣均敵日月鬬戰不破不缺

豫 曳綸河海掛釣魴鯉王孫利德以享仲友

隨 犬畏狼虎依人有輔三夫執戟伏不敢起身安无咎

蠱 蜘蛛作網以伺行旅青蠅嚵聚以求膏腴觸我羅絆爲網所得

臨 所望在外鼎金方來拭爵滌罍炊食待之不爲季憂

觀　日月並居常暗匪明高山崩顛丘陵為谿（蹇之咸）

噬嗑　春服既成載華復生莖葉盛茂實穗泥泥

賁　華首山頭仙道所由利以居止長无咎憂

剥　三狐羣哭自悲孤獨野无所游死於丘室

復　火中暑退禾黍其食商人不至市空无有

无妄　獨立山顛求鹿耕田草木不闢秋飢无年

大畜　火雖熾在吾後寇雖近在吾右身安吉不危殆（歸妹之震）

頤　[illegible][illegible][illegible][illegible]貧鬼相責无有懽怡一日九結（豐之晉）

大過　追亡逐北呼還幼叔至山而得反歸其室（渙之臨　需之渙）

坎　銜命辱使不堪厥事遂墮落去更為斯吏

離　被珠銜玉沐浴仁德應聘唐國四門穆穆蟊賊不作凶惡

伏匿

咸　機關不便不能出言精成通道爲人所冤

恒　甕破盆缺南行亡失

遯　啓亡齒寒積日凌根朽不可用爲身災患

大壯　蒙惑憧憧不知西東魁罡指南告我室中利以宜止去國憂患

晉　鳥鴟搏翼以避陰賊盜伺二女賴厥生福旱災爲疾君无黍稷

明夷　名成德就項領不試景公耄老尼父逝去

家人　言與心詭西行東坐緜湮洪水佞賊爲禍

睽　獫狁匪度治兵焦穫伐鎬及方與周爭彊元戎其駕衰及夷王（末句一作以安我王）

蹇　三火起明雨滅其光高位疾顛驕恣誅傷

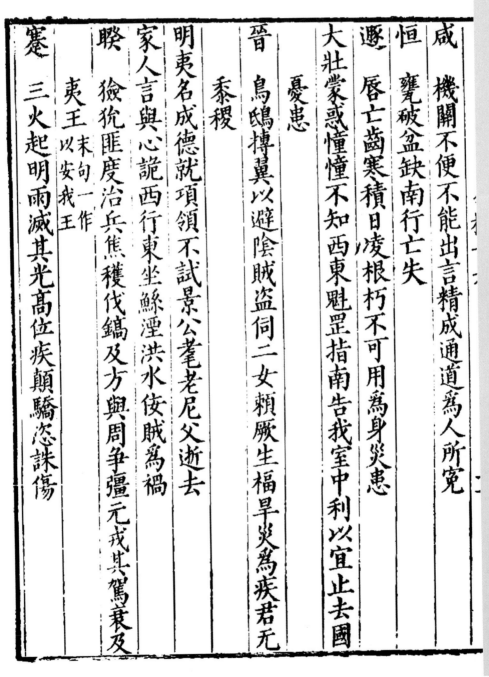

解　承川決水為吾之祟使我心憒毋樹麻枲居止凶咎

損　厭浥晨夜道多湛露沾我襦袴重難以步

益　宜行賈市所求必倍載喜抱子與利為友　大過之恒　巽之損

夬　陰變為陽女化為男治道得通君臣相承　渙之旅　豐之　節屯之離

姤　樹蔽牡荆生虀山旁仇敵背憎孰肯相迎

萃　坐茵乘軒據德宰臣虞叔受命六合和親

升　雲興蔽日雨集草木年茂歲熟

困　蟠梅折枝與母別離絶不相知　旅之大過

井　天旱水涸枯槁无澤困於沙石未有所獲

革　圭璧琮璜執禮見王百里甯戚應聘齊秦

鼎　龍渴求飲黑雲景從河伯捧醴跪進酒漿流潦滂滂

震　黿梅零蔕心思憒憒亂我靈氣

艮　鹿求其子虎廬之里唐伯季耳貪不我許　渙之既濟 隨之否

漸　穿匏挹水篝銕燃火勞疲力竭飢渴爲禍

歸妹　龍生馬淵壽考且神飛騰上天舍宿軒轅常居樂安

豐　崔嵬北岳天神貴客溫仁正直主布恩德衣冠不已蒙受大福

旅　鬼夜哭泣齊失其國爲下所賊

巽　二政多門君失其權三家專制禍起季孫

兌　望幸不到文章未就王子逐兎犬踦不得　渙卦

渙　伯虎仲熊德義昭明使布五教陰陽順序

節　兩足四翼飛入家國寧我伯叔與母相得

中孚　春秋禱祀解禍除憂君无災咎

小過　牧羊稻園聞虎喧讙懼畏悚息終无禍患　剝之損 井之否 隨之漸

既濟大蛇巨魚相搏於郊君臣隔塞郭公出廬

焦氏易林卷第十六

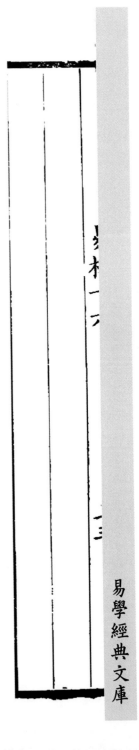

後序

此書今本之誤非校宋本不能正者如賁之鼎東門之壇乃詩鄭風文正義云徧檢諸本字皆作壇又云今定本作墠釋文云壇音善依字當作墠可見作易林時固是壇字今作墠者誤依定本以後毛詩所改似是實非頤之解飢人入室乃史記殷本紀所謂及西伯伐飢國滅之徐廣曰飢一作阢又作耆即尚書大傳之西伯𢦏耆也今飢人作箕仁臆改而誤萃之漸橘柚請佩乃韓詩內傳漢有游女事所謂聘之橘柚者也今橘柚作禱神亦臆改耳旅之蒙封豕溝瀆全取史記天官書語今豕作涿失之遠矣其類甚夥咸有如風庭之掃葉也顧君千里見語曰讀此書之法又有三焉以複見求之也以所出經子史等求之也以韻求之也如比之震扶杖伏聽誤无妄之中孚扶下無杖

後序　一

字聽下有命字者是兊之否扶作俯亦非扶伏者匍匐也大過之蠱故革懈惰誤遯之益鼎之既濟作五粢解墮者是粢或體作輂也豐之困膠牢振振冠帶無憂誤明夷之旅作膠目啓牢振冠無憂者是呂覽贊能說管仲事正曰膠其目也此皆可得之於複見者如乾之咸反得丹穴女貴以富貴當作清本史記貨殖列傳而巴蜀寡婦清其先得丹穴大畜之訟哀相無極哀相當作衷袒本左氏傳皆衷其袒服小畜之漸鳴鳩飛來晉之艮作餌吉知來家人之大畜作神鳥來見皆誤當作鴰鵲知來本淮南氾論訓乾鵲知來而不知往鄭注大射儀引作鴰此與之同姤之晉販鼠賣卜卜當作朴本戰國策周人謂鼠未腊者朴升之艮扶陜之岐扶陜當作杖策本尚書大傳遂杖策而去過梁山邑岐山今本大傳杖策誤倒震卦枯瓠不朽朽當作材

本國語苦匏不材於人既濟之鼎禍起子商子當作于于於也商宋也謂禍起於宋雍氏本左氏傳也此皆可得之於所出經子史等者如訟之損更相擊劍劍當作詢明夷之臨不誤大畜之家人作詢亦非以詢與下走爲協晉之漸神君之精之精當作乏祀以祀與上起理爲協革之豫沾我袴襦重難以涉袴襦當倒涉當作步未濟之損不誤以袴步爲協兌之噬嗑茂樹斬枝枝當作枚以枚與下飢爲協此皆可得之於韻者其類亦甚夥難以悉數又如豫之豐云一說文山蹲鴟一說即一作也由是以推凡一繇數句而上下語意不類蓋皆脫去一作字而誤相連并耳此又一法也讀者苟於校宋本得之之外循是而各各求之思過半矣予甚然其言附著於末以貽好學者若夫繁文衆詞自我作古冀博善讀書之名而其意不在書乃顧君生

平深惡痛絶者予雖不敏亦未忍爲此態也已閏五月廿四日
丕烈又書

從兄蕘臣向假得瞿曇谷宋校本易林勘得刻本字句碩異余借校此帙未及卒業而罷距今已十有一載而蕘臣遺世亦已五年矣頃從友人借得曇谷校本勘畢覆勘一過復多是正遂于此書無憾蓋宋本出之□翁家藏絳雲一炬久爲刼灰此書種子幸留人間亦可寶也據曇谷云宋本本有全注未及舉錄失之一時奪之千載能無奇書不傳之嘅丁未仲夏九日燈下記常熟陸貽典

書名：宋本焦氏易林兩種（下）（吳門黃氏士禮居十六卷本）
系列：心一堂 • 易學經典文庫
原著：【漢】焦贛
主編 • 責任編輯：陳劍聰

出版：心一堂有限公司
通訊地址：香港九龍旺角彌敦道六一〇號荷李活商業中心十八樓〇五一〇六室
深港讀者服務中心：中國深圳市羅湖區立新路六號羅湖商業大厦負一層〇〇八室
電話號碼：(852) 67150840
網址：publish.sunyata.cc
淘宝店地址：https://shop210782774.taobao.com
微店地址：　https://weidian.com/s/1212826297
臉書：　　　https://www.facebook.com/sunyatabook
讀者論壇：　http://bbs.sunyata.cc

香港發行：香港聯合書刊物流有限公司
地址：香港新界大埔汀麗路36號中華商務印刷大廈3樓
電話號碼：(852) 2150-2100
傳真號碼：(852) 2407-3062
電郵：info@suplogistics.com.hk

台灣發行：秀威資訊科技股份有限公司
地址：台灣台北市內湖區瑞光路七十六巷六十五號一樓
電話號碼：+886-2-2796-3638
傳真號碼：+886-2-2796-1377
網絡書店：www.bodbooks.com.tw
心一堂台灣國家書店讀者服務中心：
地址：台灣台北市中山區松江路二〇九號1樓
電話號碼：+886-2-2518-0207
傳真號碼：+886-2-2518-0778
網址：http://www.govbooks.com.tw

中國大陸發行　零售：深圳心一堂文化傳播有限公司
深圳地址：深圳市羅湖區立新路六號羅湖商業大厦負一層008室
電話號碼：(86)0755-82224934

版次：二零一八年二月
裝訂：上下二冊不分售

定價：港幣　三百八十八元正
　　　新台幣　一千四百八十八元正

心一堂微店二維碼　心一堂淘寶店二維碼

國際書號 ISBN 978-988-8317-22-6